Manfred Breitinger

Altern in diesen Tagen

Zwischen November 2021
und September 2022

Alltägliches – Zeitgeschehen

Rediroma-Verlag

Bibliografische Information der Deutschen Nationalbibliothek:
Die Deutsche Nationalbibliothek verzeichnet diese Publikation in der Deutschen Nationalbibliografie; detaillierte bibliografische Daten sind im Internet über http://portal.dnb.de abrufbar.

ISBN 978-3-98527-904-3

Umschlagillustration:
Sonnenaufgang über der Schwäbischen Alb
(Manfred Breitinger)

www.rediroma-verlag.de
12,95 Euro (D)

Manfred Breitinger

Altern in diesen Tagen

Zwischen November 2021 und September 2022

Alltägliches – Zeitgeschehen

Inhalt

„Fakten“ (Zahlen, Darstellung von Zusammenhängen, Zitate, Sprichwörter, Gedichte, Lied- und Liedanfänge, Informationen) wurden aus den Tageszeitungen, Regionalblättern, anderen Schriften, übers Hörensagen und aus Ratespielen im Fernsehen, wie „Wer weiß denn so was“ entnommen. Ungeprüft, wie sie von mir verstanden wurden. Halbwahrheiten oder Missverständnisse sind daher nicht auszuschließen. Meine Frau, Ursula Sollbusch-Breitinger, Kameraden und zufällige Passanten haben mit ihren Ideen, Tipps, Kritiken und „Einwürfen“ zu diesem Text beigetragen. Dafür rundum: Dankeschön!

Das Schönste auf der Welt ist doch, normal zu sein. Ich bin stinknormal, und das gefällt mir.

Uwe Seeler (1936 – 2022)
Legende des deutschen Fußballs
Träger des Bundesverdienstkreuzes

Seekühe im Zoo und andere Kreaturen[1]

Im Juni 2022 sind die Seekühe Manfred und Pablo aus Dänemark in den Zoo Duisburg gezogen. Nicht zuletzt wegen „Manfred“ sind diese pflanzenfressenden Meeressäugetiere ein Thema für mich.

Erwachsene Seekühe wiegen bis zu 600 Kilogramm und können 70 Jahre alt werden. Sie stammen von den Elefanten ab, haben aber keine geeigneten Gliedmaßen, um sich an Land zu bewegen. Sie halten sich stets in Küstennähe, auch im Süßwasser und meist im sehr flachen Wasser auf. Die voluminösen und gerundeten Tiere lassen sich vom Wasser tragen und fressen das, was die Flora im Wasser bietet.

Es gibt keine zeitliche Paarungszeit. Die Weibchen haben mehrfach im Jahr einen Eisprung. Gepaart wird im Wasser, mit mehreren Männchen, wobei keine Rivalen-Kämpfe ausgetragen werden. Nach zwölf bis vierzehn Monate Tragezeit werden die Babys geboren. Diese schwimmen direkt nach der Geburt aktiv zur Wasseroberfläche und werden von ihrer Seekuhmutter noch einige Zeit gestillt.

Seekühe sind in der freien Natur infolge des immer enger werdenden Lebensraums zum Aussterben verdammt. In der Natur ist ihr Feind der

[1] Lebewesen, die bereits da waren, jetzt existieren und noch da sein werden, nachdem wir Menschen längst vergangen sein werden.

Mensch mit seinem Bestreben die Lebensräume zu seinem Nutzen und Vergnügen zu gestalten, die Welt sich untertan zu machen. Der Zoo bietet für einige Zeit Überlebenschancen. Passend zur heute modernen Genderzeit werden die Männer und die Frauen des Spezies Seekuh eben Seekuh genannt.

Deshalb gendere ich in diesem Buch nicht. Mag sein, dass es in ein paar Jahren sein muss. Bis dahin aber müsste man einiges klären. Irgendwie. Folgendes. Bedenken. Giebel heißen sie, die Fische, zur Familie Karpfenfische gehören sie. Die weiblichen Fische legen ihre Eier an dichten Beständen von Wasserpflanzen ab. Diese Eier werden nicht von Giebelmännchen befruchtet, die Eientwicklung wird durch das Sperma verwandter Karpfenfischarten eingeleitet, ohne dass es zum Austausch von Erbinformationen kommt. Da entwickeln sich später immer reinrassige weibliche Giebel. Ein einzelnes Giebel-Weibchen kann so eine ganze Population von Giebel-Weibchen hervorbringen. Man nennt das: Gynogenese (Jungfernzeugung). Ein Vorbild? Eine Laune der Natur? Sei es zum Denken nur! Eine edle Frauenwelt? Dann wäre noch zu klären, warum die weiblichen Rentiere auch Geweihe tragen, wie die männlichen. Auch wie es möglich ist, dass ein Fischotterpärchen (ein männliches und ein weibliches Tier) nebeneinander auf dem Rücken liegend zufrieden im Wasserbecken des Océanopolis in Brest in den Himmel schauen und sich von den aufgeregt tauchenden Artgenossen nicht stören lassen.

Und wie wirken die zwanzig Billionen Ameisen mit den anderen Insekten beim Altern der Erde mit? Man rechnet damit, dass circa 2,5 Millionen Insekten auf einen Menschen kommen. Nicht zu vergessen, welche Rolle die verschiedenen Bakterien dabei spielen. Zwei Kilogramm trägt jeder Erwachsene in sich herum.

Derzeit leben ca. acht Milliarden Menschen auf der Erde. Nicht alle haben ausreichend zu essen und trinken. Sind diese Zahlen und die Besonderheiten relevant beim „Altern in diesen Tagen“? Ob und überhaupt?

GLÜCK IM LAUFE DES LEBENS

>GLÜCK - Kindheit und Jugend
Einst stand ich auf von meinem Bette
und pfiff mit jedem Vogel um die Wette.
Ich sah mir jeden Käfer an
und hatte Zeit für jedermann.

>GLÜCK – Erwachsen sein
Dann wurd' ich groß, hatte zu bestimmen,
viel zu tun und viel zu gewinnen:
Schaffte viel und sorgte für mich und alle Welt;
vermeintlich unersetzbar, bekam dafür noch Geld.
Vorbei war's mit der Ruhe, mit der Zeit für jedermann.
Es kam die Eile, musste jedes Amt besetzen.
Oh je, war ich wichtig, auch wenn Zeit und Sinn zerrann.
Keine Zeit zum Verweilen, immer nur herumzuhetzen.
Wo war der Vogelpfiff, der Käfer nur geblieben?
Was hat mich die Jahre so getrieben?
Immer dunkler ward's mit der Lebensmüh'
Immer kälter mit dem Pflichtgefühl.

>GLÜCK – ab 60 Jahren

Bin nun ein alter Mann - nicht mehr dabei,
abgemeldet, nicht wichtig, aller Pflichten frei.
Kann auch das Aug‘ nicht alles mehr so deutlich schauen,
können Knie und Hüfte vor Treppen, kühnen Höhen grauen,
und das Ohr allein die Töne, Pfiffe nicht kann hören,
genießt die Seele und lässt sich beim Sehnen nicht stören.
Ist nun die Zeit begrenzt und hier und jetzt geschenkt,
sind Augenblicke mit Sinn und Liebe prall gefüllt,
in Demut dankend, da unser Schicksal froh gelenkt.
Zum End‘ zeigt sich mutig, frei und nicht verhüllt,
wie zu Beginn mit Lieb‘ und Witz des Lebens Sinn,
ein frohes Adieu zum Abschied ist ein Gewinn.

Manfred Breitinger Sommer 2021

Winter – Ankommen im neuen Daheim

Montag, 8. November 2021. Ich sitze an meinem Arbeitstisch. Den Tisch habe ich zusammen mit meinem väterlichen Freund Oskar S. in den neunziger Jahren des letzten Jahrhunderts zusammengebastelt. Kurz nachdem ich mich von meiner ersten Frau trennen musste. Es ist ein Holztisch. Vier runde Tischbeine, Durchmesser fünf Zentimeter. Auf der Tischplatte – neunzig auf sechzig Zentimeter, in einundsiebzig Zentimetern Höhe – steht ein Laptop, in das ich gerade schreibe. Einige Konzeptseiten liegen ungeordnet drumherum. Um die Maße des Tisches festzustellen, habe ich einen Zollstock aus einem der zwei Billy-Regale im Arbeitszimmer gesucht und gefunden. Rechts neben dem Arbeitstisch steht ein Sideboard (120 X 45 X 82 cm) mit einem Drucker.

An der Wand über meinem Arbeitstisch sind vier gerahmte Fotografien festgemacht.

- Ursula irgendwo in einer oberitalienischen Ortschaft auf einem Treppengeländer in luftiger Kleidung sitzend (1978).
- Mein Portrait im Alter von 18 Jahren (1967)
- Gerhard B. und ich auf dem Campingplatz in Jesolo an einem Tisch voller Flaschen, zur Kamera winkend (1968).
- Ein Brustbild von mir als Sonnyboy am Strand in Usedom (2016).

- Und die Urkunde zur Verleihung des Doktorgrades der Erziehungswissenschaften (Dr. paed.) am 27. März 1998.

Im Zimmer befindet sich auch der Schreibtisch meiner Frau Ursula und eine Liege, die umgebaut auch als Doppelbett benützt werden kann. Derzeit liegt ein großes Schaffell dort. Zwei gerahmte Radierungen (50 X 60) von Liebermann dem Jüngeren zum Hochaltar und dem Chorgestühl der Klosterkirche in Blaubeuren hängen an der Wand über dem Kopfteil der Liege.

Wenn ich aus dem Fenster sehe, bei Tag und ohne Nebel, dann sehe ich den Fernsehturm von Stuttgart aus dem Wald herausragen. Links davon die Häuseransammlung des Vorortes Degerloch, rechts vom Fernsehturm, eher verdeckt durch die Blätterwelt, Schönberg und weiter rechts das Augustinum in Sillenbuch auf dem Berg, über dem Ramsbachtal und den Bäumen.

In unser neues Domizil im Asemwald sind wir nach einigen Jahren in Reutlingen und ein paar Jahren in Degerloch im Jahre 2021 eingezogen. Eine Wohnstadt, ein großer Komplex, drei Wohnsilos mit jeweils 20 Etagen und insgesamt 1100 Wohnungen. Man nannte und nennt dieses „aufgeklappte Dorf“ für zeitweise 4500 Menschen auch „Hannibal“. Warum, weiß ich nicht. Mein Wanderfreund

Hansjörg B., Architekt im Ruhestand, hat mir das gesagt.

Das Haus ist um einige Jahre jünger als ich. 1971 zogen die ersten Familien hier ein. Da war ich dreiundzwanzig Jahre alt. Mein Studentenleben war in den siebziger Jahren des letzten Jahrhunderts bunt, knackig und im Wandel.

Allerdings ist Hannibal nur unwesentlich jünger als meine Frau. Meine zweite. Seit über 20 Jahren kennen wir uns, seit 2013 sind wir verheiratet.

Bis Mitte der siebziger Jahre wurde die Wohnanlage mit den Außenanlagen noch auf- und ausgebaut. Mit den Tiefgaragen wurde eine ebenerdige Ladenpassage fertiggestellt, einige Nahversorger gibt es noch heute. Den Bäcker Veith und den Lebensmittelladen „Jägers Lädle", „Edeka" und einen Gemüseladen. Die „Lotto/Toto"-Anmeldestelle mit Schleckzeug und vielen Illustrierten, auch das Kurzwarengeschäft mit einem großen bunten Wollregal sind geschlossen. Von den ursprünglich zwei Bankfilialen gibt es nur noch einen Automatenraum der Württembergischen Bank. Das Bistro mit Außenbereich ist geschlossen, ein Sonnenstudio zeitweise offen.

Früher praktizierte ein Kinderarzt im Asemwald, heute gibt es noch eine Zahnarztpraxis. Auf der großen Tennisanlage mit dem Restaurant über den Tiefgaragen ist immer noch viel los. Das Hallenbad mit Sauna im 20. Stock ist gut besucht. Das Restaurant Bella Vista daneben auch.

Einen Friseur, eine Ban Tong Thai Massage mit einer Praxis für chinesische Heilkunst, eine Filiale eines Sanitärfachgeschäftes und ein Kosmetikstudio bieten ihre Dienste an.

Wir haben die Wohnung in der siebten Etage im Frühjahr 2021 mit einer Generalbaufirma grundlegend renoviert. Vom Boden bis zur Decke, vom Sanitärtrakt bis zur Küche, alles neu.

Leider konnte das fünfzigjährige Jubiläum im Asemwald nicht mit einem Fest gefeiert werden. Corona! Kontaktvermeidung! Maske auch im Aufzug und im Keller! Vielleicht können wir 2022 oder später das Jubeljahr nachfeiern.

Dienstag, 09. November 2021. Am 15. April 2021 zogen wir ein, haben noch eine elektrische Herdplatte für 19 Euro und 85 Cent gekauft. Die bestellte Einbauküche mit allem Pipapo konnte noch nicht geliefert werden. Wir montierten im Küchenraum mit ca. 20 Umzugskartons (für Gegenstände, die insgesamt je 35 Kilo schwer waren) rechts und links kartonfeste Küchenzeilen mit einer Arbeitstischhöhe von ca. 75 cm.

Im Esszimmer konnten wir schon am Küchentisch Platz nehmen. Wasser holten wir aus dem Badezimmer, mit Messer, Küchenbrett, Tellern, Töpfen und Schüsseln konnten wir uns einfache Gerichte zubereiten. Zum Geschirr reinigen hatten wir einen Kunststoff-Bottich.

In der Küche, im Flur, dem Schlafzimmer und dem Büro waren Dielen mit einer grauen Holzmaserung verlegt. Im Wohnzimmer wurde der naturfarbige Parkettboden abgeschliffen und versiegelt.

Handwaschbecken und Toilette waren im Bad montiert. Die Tür zur Toilette/ zum Bad wurde erst später eingebaut. Die Waschmaschine im Badezimmer funktionierte schon.

Licht spendeten die an Kabel lose herunterhängenden Glühbirnen. Diese wurden im Laufe des Sommers durch Leuchten mit stromsparenden LED-Lichtmitteln ersetzt.

Im Schlafzimmer wurden die meisten Utensilien schon im großen Kleiderschrank und in der Kommode untergebracht. Ab dem Umzugstag, dem 15. April, konnten Ursula und ich bis fast Mitte August immer wieder fleißige Handwerker des Generalbau-Unternehmens in der Wohnung bei ihren abschließenden Tätigkeiten beobachten.

Inzwischen waren die Rechnungen des Generalunternehmens und der Handwerker bezahlt, die Übergabe war mit einem Glas Sekt gewürdigt. Verschönerungen an der Wand und den anderen Flächen waren fortgeschritten. Nun sollten die sieben gerahmten Steinzeichnungen von Ernst Liebermann, dem Jüngeren, im Wohnzimmer an die Wand angebracht werden. Es sind besondere Ansichten zu

Blaubeuren, meinem Geburtsort. Dem Städtle am Blautopf. Alle Bilder sind fachmännisch gerahmt und 60 cm hoch und 50 cm breit. Um Bilder an der Wand aufzuhängen ist Handwerkszeug notwendig. Heutzutage sind das eine Akku-Bohr- und Schraubmaschine, ein Meterstab, ein Bleistift, eine Wasserwaage und eine kleine Leiter. Zudem benötigt man Dübel und Bilderhaken. Grundsätzlich werden die Bilder harmonisch an der Wand angeordnet.

Im Wohnzimmer werden sieben Bilder mit ihrer Oberkante, auch mit ihrer Unterkante, waagerecht nebeneinander ausgerichtet. Voila. Wenn's gelingt!

Die Sache ist komplizierter, als man denkt. Wir müssen damit rechnen, dass wir beim Bilderaufhängen auf die schiefe Bahn kommen können.

Wohin die „Deutsche Bundesbahn" fährt, ist uninteressant. Auch wenn der schiefe Turm von Pisa ein lohnendes Urlaubsziel wäre, hier geht es nur darum, die Entstehung einer schiefen Linie vor Ort zu vermeiden. Das mögen Spaghetti-Liebhaberinnen bedauern. Man sollte sich auch nicht schieflachen dabei. Schief anmachen will in diesem Zusammenhang nicht einmal der Hallodri des Dorfes. Nicht einmal einen schrägen Vogel, wie … ach.

Überm Sofa sind vier Bilder, Oberkante 175 cm über dem Boden, überm Highboard drei Bilder, Oberkante 185 cm über dem Boden, anzubringen. Um nun zu einer „Linie" zu kommen, konzentrieren wir uns auf die vier Bilder über dem Sofa. Beim ersten Bild markiere ich die Stelle, wo der Bilderhaken angebracht werden muss. Der obige Abschluss soll 175 cm sein, der Haken demnach in 173 cm Abstand vom Parkettboden gemessen. Dieser Abstand zum Fußbodenniveau wird mit der Wasserwaage auch für die anderen Bilderhaken gesichert. Vier Bleistiftkreuze im Abstand von 75 cm auf der Linie der Wasserwaage zeigen, wo die Haken angebracht werden. Die Haken werden montiert, die Bilder aufgehängt.

Die Bilder werden ins Lot gebracht, sie sind im Wasser: waagerecht, auch horizontal. Sie sind nun wohl recht in der Waage, nicht nur ziemlich, leidlich oder relativ und äußerst. Eher sind sie richtig in der Waage, passend, goldrichtig ordnungsgemäß, stimmig und wie geschaffen. Eben: Sie sind recht und billig angebracht. Im Wasser. Aber nicht verwässert. Harmonisch. Exakt. In einer Linie.

Nachdem das Sofa wieder unter den Bildern steht, das Handwerkszeug außer der Wasserwaage und dem Meterstab aufgeräumt ist, stelle ich unter Wasser und Tränen fest, dass das Miteinander, die Verbundenheit schief und schräg liegt oder steht. Da hilft kein Messen, kein Ruckeln oder Zuckeln, weder an den Bildern noch am Sofa oder sonst wo oder gar mit sonst was. Das Zusammenspiel der vier Bilder ist sicher nichtzutreffend, eher abfallend, abschüssig und geneigt. Einseitig und scheel. Vielleicht senkt sich da was. Es sieht aber nicht verzerrt aus, nicht bucklig oder missgestaltet oder gar verbogen. Eher nicht gerade, aber nicht krumm. Das Zusammenspiel ist nun nicht abwegig, unrecht und auch nicht unhaltbar, eher ein wenig fehlerhaft und irrig. Auch quer.

Jetzt gilt es, auf den Grund dieser schiefen Anordnung der Bilder zu kommen. Die Frage ist zu klären: Wie wurde eine Wasserwaage-korrekte Linie zu einer schrägen?

Um das zu klären, gehen wir in die Tiefe: In einer Baugrube wird das Wasser ausgepumpt, die Fundamente betoniert, die Wände hochgezogen, der Fußboden in der ersten Etage mit der erlaubten Toleranz geglättet. Der Estrich gleicht aus, die tolerierte Neigung von zwei Höhenzentimetern auf sechs Längenmeter wird eingehalten. Eine mit der Wasserwaage geprüfte, absolut horizontale Ebene, eine sich unzweideutig im Wasser findende Bodenfläche ist unüblich und hätte verdammt viel Geld gekostet. Auch die Fußböden in der zweiten bis zur zwanzigsten Etage sind nicht im Wasser, wie die Handwerker sagen. Gemessen mit einer Wasserwaage. Sie zeichnen sich aus durch ihre – auch gemessene und fachmännisch festgelegte – Toleranz.

Die Wände bis zur obersten Etage werden lotrecht hochgezogen. Die Türen werden gesetzt, die Wände tapeziert oder gestrichen.

Und wenn dann auf den Fußböden Schränke über Haupteshöhe, Sideboards, Sofa, Sessel, Regale und sonst was gestellt werden, merkt die leichte Schräge des Fußbodens kein Mensch. Es handelt sich um eine Neigung von nur bis zu zwei cm auf sechs Meter. Das ist maximal ein Zentimeter auf drei Meter. Meist ist es weniger.

Die Wasserwaage zeigt nun, dass oben bei den Bildern alles im Wasser ist. Vielleicht sehen besonders geschulte Augen, dass zur Sofa-Höhe Toleranz herrscht. Dazu wird mit geschultem Auge und einem weiten Herz festgestellt:

Wir haben in einer schrägen Linie, im Zusammenspiel von Horizonten, von Höhen und Tiefen Toleranz und doch ist alles im Wasser. Wie halten wir es mit der Toleranz? Leiden wir nicht eher an der Strenge der Linien und vermissen die Großzügigkeit, die Behutsamkeit und Geduld mit dem Krummen? Und wie halten wir's mit der Nachsicht, Rücksicht und Gnade? Fürchten oder freuen wir uns über die Toleranz? Über die Zeichen der Liberalität, Freizügigkeit, des Großmuts, des Langmuts, der Milde und der Schonung? Sind das nicht die höchsten göttlichen Tugenden?

Ist das Zusammenspiel der im Wasser liegenden vier aufgehängten Bilder und des in der erlaubten Toleranz liegenden Fußbodens nicht ein wunderbares Zeichen einer lebendigen Gemeinschaft?

Toleranz sollte nicht nur hier an der Wand erlaubt sein. Sie sollte mehr als nur gestattet, gesetzlich zulässig und statthaft sein. Nicht nur zugestanden werden, zulässig und nicht nur irgendwie berechtigt, bewilligt, genehmigt und legal sein. Toleranz sei dem Leben und den Lebensräumen unbenommen. Absolut zuzulassen. Für sie ist unverwehrt zu sorgen. Sie ist zu bejahen. Toleranz.

In jedem Fall, in diesem Sinne, wird Toleranz gebraucht. Auch im Zusammenspiel von horizontalen und vertikalen Linien. Wenn wir über optische Täuschungen sinnieren und uns über die verschiedenen Sichtweisen freuen, finden wir dahinter die Geradlinigkeit der Toleranz. So.

Mittwoch, 10. November 2021. Dieses-alles-im-richtigen-Augenblick-Denken macht mir zunehmend Mühe. Manchmal sehe ich verwirrt, ziellos und suchend um mich. Gerade jetzt, da ich mich vor dem Frühstück an meinen Tisch setze, um ein paar Worte niederzuschreiben. Nein, keine geträumten Worte in Stein gemeißelt. Wer will die noch erspüren? Und wie soll jedermann und jedefrau diese noch entziffern? Und weiß erst mal keine Antwort darauf.

Wer soll, wer darf, wer will es lesen? Wessen Neugierde kann mit dem Geschriebenen geweckt oder gar befriedigt werden? Mit einem Text, der nicht das Weltgeschehen, auch nicht eine besonders attraktive Persönlichkeit in den Mittelpunkt der Betrachtungen stellt.

Alltägliche Prozesse, das Altern, das Alt-Werden, ein Leben auf den letzten Atemzug hin, werden hier Platz haben. Ausschnittsweise. Zusammenhanglos. Ein alltägliches Sein. Nichts Absolutes.

Begleitet wird es von Begriffen, weniger von Bildern. Diese Begriffe können sein: angejahrt, betagt, abgenützt, altersschwach, antiquarisch, greis, ergraut, hinfällig und ausgedient.

Interessieren Werte beim Altern? Oder die zunehmenden Probleme im Alltag? Erfahrungen beim Schuhebinden, beim Po abwischen und beim Anziehen, nicht nur der Kniestrümpfe und Socken. Sind Werte im nachlassenden Gedächtnis zu Alltagshandlungen, in den Wortfindungsstörungen, im älter und gebrechlicher Werden zu finden? Sind Werte in den Gedanken zum Älterwerden, zum vergangenen Leben und zum kommenden Sterben zu finden? Werden sie im Alltag erfahren?

Samstag, 13. November 2021. Heute treffe ich Olaf E. und Bernd B. in Ohmenhausen bei Olafs Eltern.

Olaf E. beschreibt sich heute so: Autist, ohne Zweifel komisch, auch weil er nicht ohne Hilfe sprechen und nicht gut handeln kann. Ihm hilft „Stütze“ (ganz komisch ist sie): Ein Mitarbeiter berührt seine Hand und dann kann Olaf einfache Handlungen durchführen. Dabei muss er beim Zeigen den Widerstand der stützenden Hand überwinden, welche der Mitarbeiter mit seiner Berührung anbietet. Olaf zeigt mit dem Überwinden des Widerstandes auf einer speziellen Buchstabentabelle auf Buchstaben. Dadurch entstehen Wörter und Sätze. Das ist seine „unterstützte“ Sprache, sein „unterstütztes“ Schreiben. So äußert er seine Gedanken. Er weiß, dass er und seine nichtsprechenden Kameradinnen und Kameraden ohne dieses Sprech-Schreiben sehr arm dran wären. Er weiß, dass der Widerstand durch die Berührung seiner Hand eine ganz wichtige Rolle spielt. Er muss beim Zeigen mit dem Finger den Widerstand der berührenden Hand überwinden.

Bernd B. war einst – vor circa 25 Jahren – an der Schule als Zivildienstleistender fast zwei Jahre Begleiter von Olaf. Heute ist er in einem schwäbischen Städtle beim Amt für Öffentlichkeitsarbeit zuständig für Kultur und Stadtmarketing.

Olafs Vater ist das „Medium“, das eine Kommunikation zwischen Olaf und uns möglich macht. Wir sprechen und Olaf hört, antwortet, indem er auf die Buchstaben zeigt. Aus den gezeigten Buchstaben entstehen Wörter und Sätze. Diese werden vom Vater gesprochen.

Olaf kann geschriebene Texte lesen. Wenn er den Sinn eines Wortes nicht versteht, fragt er über sein „Medium“ nach. Mit Olaf habe ich einen regen Briefwechsel. Er liest meine Briefe und „diktiert“ seine Briefe an mich, indem er auf die Buchstaben auf dem Buchstabenbrett zeigt. Sein Vater schreibt daraufhin den Text. In den vergangenen zweieinhalb Jahren habe ich über 100 Briefe an Olaf geschrieben und ebenso viele von ihm erhalten.

Am Nachmittag trinken wir zusammen mit den Eltern Kaffee und essen Kuchen. Olaf trinkt gerne Kaffee, achtet genau auf die Tischordnung mit dem Kaffeegeschirr. Er muss aber darauf hingewiesen werden, dass er nicht zu viel Kaffee und zu viele Kuchenstückchen konsumiert. Das Gespräch der Erwachsenen untereinander ist für ihn offenbar nicht interessant.

Danach sitzen wir in der Sofaecke und unterhalten uns.

Olaf weiß genau, was er in der Schulzeit mit seinem Zivi alles unternommen hat. Kommunikation mit der „Stütze“ kannten wir damals noch nicht.

Bernd erzählt von seiner Familie (drei Kinder) und alle berichten über ihre Hobbys, Freuden und Begrenzungen, die immer wieder überwunden werden müssen. Die Zeit vergeht wie im Flug. Wir werden uns im Frühjahr 2022 wieder treffen.

Montag, 15. November 2021. Heute wollen wir – wie gewöhnlich am Morgen – mal wieder an das eine denken. An das, was allerorts zuweilen Kopfzerbrechen macht. Oder Herzflattern. Oft ist es aufwendig, kostet viel Zeit und Energie. Zuvor und dann, wenn es darauf ankommt.

Sprechen wir über den Sex und das Drumherum im Laufe der Jahre. Und über das Wichtigste dabei. Das Drumherum.

Nicht nur einem, sondern großen Instituten mit ungezählten Forscherinnen und Forschern ist es im Laufe der Jahre gelungen, zu zeigen, wozu und wie der eigentliche Sex und das Drumherum gut ist. Also: Wozu. Sex. Gut. Ist.

Emotionslos ist darzustellen, dass Sex auf der ganzen Welt ein unverzichtbares Verfahren ist, um sich als jeweiliges Genus, der Spezies, der Art und Gattung[2] zu vermehren. Wobei Form und Art dieses Verfahrens so vielfältig verschieden sein kann, wie es Schneekristalle gibt. Dass Sex über den Zweck der Vermehrung hinaus noch seine Berechtigung hat, wird speziell in wissenschaftlichen Untersuchungen nicht geleugnet, aber auch nicht verifiziert. Auf die Vielfältigkeit des Gebrauchs und der (Lebens-) Aufgabe bestimmter und allgemeiner Körperlichkeit wird nicht tiefer eingegangen. Sex der Menschen untereinander ist aufwendig. Gar kein

---

[2] Ein Versuch zur Begriffsklärung:
Genus: = Art, Gattung
Spezies = besondere, bestimmte Art einer Gattung
Art = Spezies (z.B. eine Art Tiere, die sich selbst fortpflanzen können, Bsp. für außerhalb, da nicht fortpflanzungsfähig: Maulesel
Gattung = Gesamtheit von Arten von Dingen, Formen und Lebewesen,

Vergleich zu anderen Vermehrungsverfahren, wie z.B. der schlichten Zellteilung.

Ausgerechnet an und bei der Hefe (lat.: fermentum, österreichisch: Germ) fanden Forscher die adäquatesten Voraussetzungen, um die lebenswichtigsten Fragen zum Vermehrungsverfahren zu beantworten.

Schon 1680 identifizierte Antoni van Leeuwenhoek die Hefe als ein kugeliges Gebilde im Gärsubstrat. Dieses kugelige Gebilde ist ein lebender, einzelliger Organismus, ein winzig kleiner Pilz (nicht: Pipi!).

Bisher hat man diese Schlauchpilze ausschließlich für genügsame Arbeitstiere gehalten. Kein Wunder bei der Doppel- und Mehrfachbelastung, welche die „Saccharomyces cerevisiare“ meistern: In der Küche sind sie bei der Brot- und Bierproduktion eingespannt. Sie sind auch am Prozess vom Traubensaft zum Wein beteiligt.

Im Labor machen sie darüber hinaus nun als Modellorganismus Karriere. Sexuell wirkt die Hefe in jedem Fall eher unverdächtig. Bei Pilzen gibt es noch nicht einmal Männer und Frauen. Trotzdem: Hefe kann. Sie vermehrt sich mit und ohne Sex. Ohne und mit.

„Mitohne“ und „ohnemit“.

Solange genug zu essen da ist, interessiert sie sich nicht für geschlechtliche Aktivitäten, sondern wächst durch Knospung vegetativ vor sich hin. Vermehrt sich.

Wird jedoch das Futter (i.d.R. Zuckriges) knapp, bekommen die Saccharomyces Appetit auf Sex. Sie eilen zur Reifeteilung und produzieren Sporen als Geschlechtszellen, die sich zu neuen Kombinationen zusammenfinden, sobald das Nahrungsangebot wieder zunimmt. Die Produktion und das Zusammenfinden der Sporen zählt für die forschenden Biologen als Sex. Voila! Ein interessantes, den Umständen entsprechendes Vermehrungsverfahren. So oder so.

Beim Fitnesstest der sexuell aktiven Gruppe der Hefe und der keuschen, sex-entsagenden Gruppe bei angenehmen, gewöhnlichen Temperaturen fand man hinsichtlich der Wachstumsaktivität der beiden Hefestämme keinen Unterschied. Sex hin oder her. Wurde es jedoch unerträglich heiß, waren die unkeuschen Schlauchpilze überlegen. Sie steigerten ihre Wachstumsrate enorm gegenüber den enthaltsamen Einzellern. Was lernen wir daraus? Viel! Was wissen wir nun über das eine? Vielleicht: Unter widrigen Bedingungen ist Sex eine echte Bereicherung. Ob dieses Wissen über die echte Bereicherung im Leben eines Hefepilzes für Menschen, auch die Alternden, hilfreich ist? Festzuhalten sind die Fragen: Wer hat um Hilfe gerufen? Auf welche Art und Weise und wie intensiv sollen die Alten begleitet werden? Kann die Lust aus den Alten herausgekitzelt werden? Oder eingeflößt?

Im Alter soll und kann vielfach der Sex, oder was auch immer, nicht mehr der Vermehrung dienen. Sondern wird allerlei Funktionen zur Lebenserhaltung, zum Lebensmut und zur Lebensfreude übernehmen. Sagen die einen und die anderen auch.

Dienstag, 16. November 2021. Gestern haben wir gelernt, wie das ist bei der Hefe. Das! Sex und das mit der Knospung. Bei der Hefe. Für uns aber stellt sich die Frage, wie ist es mit dem Sex im Alter? Nein, nicht mit der Knospung. Da kennen sich die Alten aus. Warzen, Furunkel, andere Wucherungen. Um die geht es nicht. Um den Sex geht es, um das, was man macht, wenn es auf dem Tisch nicht mehr so viel zum Essen gibt.

Die Frage: Alter und Sex? Was? Eine gute Frage?

Tja, das darf – einfach und ohne Scheu und in aller Kürze – gesagt sein: Sexualität dient im Alter nicht primär der Fortpflanzung, sondern ist ein Erleben einer sicheren Bindung mit einhergehender Stressreduktion. Dieses Erleben ist ein Gewinn von Lebensqualität. Im Alter verschiebt sich der Fokus von der Quantität auf die Qualität der Sexualität. Nicht die Häufigkeit der „Akte“ oder mehrere Orgasmen sind entscheidend, sondern die körperlichen Kontakte, welche mit ihrer Art eine intensive emotionale Verbindung hervorrufen. Dabei geht es nicht darum, die ganze Technikklaviatur des Liebemachens von A bis Z neu zu erfinden. Mit Geduld und Neugierde ist das Wesentliche schnell entdeckt. „Kuscheln“ heißt das Zauberwort. Das „M“ und „O“ an ihr und ihm. Überall und im Besonderen gelingt das „m“anuelle und „o“rale Reizen und garantiert eine emotionale Stabilität und Sicherheit. Auf einen ausgeprägten „Phallozentrismus“ kann verzichtet werden, Beziehungsqualität schafft sexuelle Lebensqualität. Und umgekehrt?! Gute Frage? Gute Antwort? Vielleicht! Sicher?

Montag, 22. November 2021. Es war in den sechziger Jahren im letzten Jahrhundert, als ich eine junge Dame meinen Eltern bei einem Kaffee-Kränzle als meine Freundin vorstellte. Eine lebhafte Unterhaltung mit Beiträgen der Eltern über mehr oder weniger peinliche Begebenheiten ihres Filiusses. In meiner Erinnerung war es eine lustige Angelegenheit. Den Namen der jungen Dame habe ich vergessen. Die Fragen wurden immer direkter und deren Erörterungen verschmitzter. Noch heute, nach über fünfzig Jahren, sehe ich das Augenzwinkern meines Vaters und höre seine warme Stimme: „Ein Mädchen ist dann eine Frau und kann heiraten, wenn sie vom großen Brotlaib eine Scheibe Brot mit dem Brotmesser abschneiden kann. Nicht auf dem Küchentisch. Nein, das Brot wird mit der einen Hand vor der Brust gehalten. Mit der anderen Hand wird mit dem Messer vom Brotlaib zur Brust hin eine ordentliche Scheibe abgeschnitten.“ Das Minenspiel der jungen Dame ist mir nicht mehr in Erinnerung, das Kaffee-Kränzle endete sicher harmonisch und lustig. Ich habe keine meiner späteren Freundinnen jemals der Brotschneidprüfung unterzogen. Ich weiß auch nicht, ob Ursula auf diese Art und Weise die Brotscheiben schneiden kann.

Die Erinnerung an das Brotschneiden vor der Brust (das ich noch immer gut beherrsche), kam mir, nachdem ich am Wochenende in einem Journal den Hinweis las: Wenn ein Mann für eine Frau kocht und sein Salat enthält mehr als drei Zutaten, meint er es mit ihr bestimmt ernst! So ändern sich die Zeiten und mit ihnen auch die Kriterien fürs Heiraten. Oder nur die Perspektive, die Sicht auf die Dinge? Hat das was mit Gendern zu tun? Sind Brotschneiden und Salatmachen feine Zeichen der unterschiedlichen Dimensionen der Geschlechter. Im Laufe der Zeit? Oder ist es nur eine schamhafte Betrachtung der Erinnerungen? Dem Altern geschuldet?

Heute, vor 45 Jahren, am 22.11.1976, erblickte meine Tochter Karolin Daniela im Kreißsaal der Uniklinik in Tübingen die kahlen Wände, das medizinische Personal und ihren Papa. Sie konnte sich auf dem Bauch der Mutter Gabi, meiner ersten Frau, ein wenig ausruhen vom anstrengenden Weg durch den Geburtskanal. Mannomann, war das ein gedruckt und gequetscht werden. Sie wuchs in Reutlingen auf, lernte Krankenschwester, war viel unterwegs, in Reutlingen, Mailand, Lodi und am Gardasee. Inzwischen hat sie ihren Bachelor im Pflegemanagement in München gemacht. Dort lebt sie mit ihrem Mann und besucht mit vielen Tattoos auf ihrer Haut Heavy-Metal-Konzerte überall auf der Welt.

Ich erinnere mich an die vielen gemeinsamen Aktionen im Schwabenländle, in der Reutlinger Gartenstadt. Auch an die Radtouren von Reutlingen an den und um den Bodensee herum und von Ulm bis Passau mit der damals zwölfjährigen Karolin. Später waren wir beim Drachensteigenlassen mit Karolins Kindern Cheyenne und Manuel. Mit diesen waren wir auch beim Zelten am Lago Maggiore. Da war sie und auch ich schon getrennt von unseren ersten Gatt*innen (da erspart mir das Gendern Leerzeichen und Buchstaben).

Donnerstag, 25. November 2021. Nun ist es an der Zeit, die dritte Impfung zu erhalten. Nicht alle Wellen, aber die vierte muss gebrochen werden – so tönt es aus allen Ecken. Sonst würden noch zu viele über die Kante fallen. Das ganze Land wird übersäht mit Impfzentren und auch die Haus- und Fachärzte helfen mit, der Pandemie und der Hysterie mit dem Covid-19-Virus ein Ende zu bereiten. Impfen, impfen, impfen, in die Adventszeit hinein, bis dann der

Weihnachtsbaum im Lichterglanz steht. Auch wir werden uns um einen Impftermin bemühen. Ursula hat schon einen bei ihrem Hausarzt, trotzdem werden wir uns in den Impfzentren umsehen, einreihen und möglichst früh den dritten Pieks abholen. Da kommt die Schlagzeile in den Stuttgarter Nachrichten gerade zur rechten Zeit: „Am Samstag beginnt das große Impfen". Für uns soll es die Booster-, die dritte, eine Auffrischimpfung sein. Über die Ärzte-App haben wir einen Termin ergattert: Sa., 27.11.2021 um 16:45 Uhr im Artium in Sillenbuch.

Freitag, 26. November 2021. Heute Morgen gibt es in der Provinzpresse einen Hinweis auf neue interne Leitlinien zum sensiblen Gebrauch der Sprache aus Brüssel. Die EU-Kommission will in ihren Texten darauf achten, dass nicht mehr ausschließlich christliche Vornamen verwendet werden. Maria soll jetzt Malika heißen.

Auch soll es nicht mehr heißen: Die Weihnachtszeit kann anstrengend sein. Sondern: Die Feiertage können anstrengend sein.

Die Kommissarin für Gleichheit, Helena Dalli, hat eine Broschüre herausgegeben: Interne Leitlinien für inklusive Sprache zum gewünschten Sprachgebrauch in den EU-Behörden. Eine Zusammenstellung, welches das EU-Menschenbild reflektiert und dazu Gebote und Verbote auflistet. Dieser Sprach-Knigge aus Brüssel gliedert sich in sechs Kapitel, die da lauten: Geschlecht, sexuelle Minderheiten, ethnischer Hintergrund, Kultur, Lebensstil, Glauben, Behinderungen und Alter. So erfahren wir über die nun angesagte EU-Sprache z.B.: Nicht mehr: „Minister und ihre Gattinnen“, sondern: „Minister mit ihren Partnern“. Nicht mehr „bemanntes Raumschiff“, sondern: „Raumschiff mit Besatzung“. Statt „Businessman“ künftig „Businessperson“ und statt „fireman“ nun firefighter“, statt „ombudsman“ nun „ombudsperson“.

Auch auf die unterschiedlichen religiösen Traditionen soll bei der Verschriftlichung der Sprache Rücksicht genommen werden: Statt „Weihnachten“ könne man doch schreiben: „Weihnachten, Hanuka und Ramadan“. Das könne anstrengend werden. Auch „Maria und Josef sind ein internationales Paar“, soll es nun heißen „Malika und Julio sind ein internationales Paar“.

Angeblich soll auch das koloniale Denken mit der inklusiven Sprache überwunden werden: Künftig soll nicht mehr von der „menschlichen Besiedlung des Mars“, oder der „Kolonisierung des Mars“ geschrieben werden, sondern: „Menschen zum Mars schicken“. Nicht dass jetzt einer meint: zur Hölle schicken! Ein großer Schubkarren voller „sollte“ soll (!) für das neue „Sprech“ den Weg bereiten.

Zur selben Zeit hat eine Jury der Drogcrickcttc „Drogeriemarkt“ den Negativpreis „Goldener Zaunpfahl“ für „Absurdes Gendermarketing“

zugesprochen. „DM“ will Schaumbäder in Hellblau und Rosa offensichtlich an bestimmte Geschlechter vermarkten. Auch wurde eine Vielzahl von Produkten nach „binärer Geschlechtertrennung benannt, sortiert und entsprechend gestaltet“. Sogar die allerkleinsten wurden angesprochen: „Sag uns, was dein Kind zwischen den Beinen hat, wir sagen dir, welche Schnuller, Spucktücher, Trinkfläschchen und Lätzchen es benützen soll.“ Das geht an die Haut und unter diese.

Was sind das für Welten zwischen der EU-Kommission und dem, was ein Kind zwischen den Beinen hat. Manche sagen das und andere sagen das.

Samstag, 27. November 2021. Am Samstag, als wir mit dem Carsharing-Auto auf dem Weg zum Friedhof in Mössingen-Belsen fahren, kurz nach 10:00 Uhr blinkt die App. Ursula liest die Nachricht: Impftermin am Sa., 27.11.2021, ist abgesagt bzw. auf Sa., 04.12. 2021, um 16:45 Uhr verschoben. Das ist eine Möglichkeit, sicher eine begründbare. Es gibt Hausarztpraxen, welche ihre Patienten jetzt im November 2021 einen Termin für die Booster-Impfung im Februar 2022 anbieten.

Ursula hat einen Termin am 15.12.2021 bei ihrem Hausarzt. Mein Hausarzt hat noch Telefon und Fax-Nummern, keine Homepage. Bin gespannt, wie es am 04.12.2021 wird. In Hamburg bibberten in der

Kälte über hundert Menschen. Dort wurde heute vergessen, eine Impfstation zu öffnen.

Montag, 29. November 2021. Heute lesen wir in den Stuttgarter Nachrichten, dass an vielen Impfstellen Impfwillige wieder heimgeschickt wurden, auch vom Atrium in Sillenbuch.

Wir fixieren heute um 6:30 Uhr über die Ärzte-App einen Termin für unsere Booster-Impfung Morgen um 14:10 Uhr und 14:15 Uhr: Impfstation des Klinikums Stuttgart in der leer stehenden „Sportarena", Königstraße 23. Wieder ist es spannend. Bis morgen!

Dienstag, 30. November 2021. Das geht schnell. 14:00 Uhr in der oberen Königsstraße in Stuttgart. Eine Riesen-Impfstation. Junge Soldaten und neckische Krankenschwestern in ihren Uniformen zeigen den Weg. Im Akkordtempo wird geimpft. Draußen regnet es und der Wind rüttelt an allen Ecken. Geimpft, geimpft, geimpft! GEBOOSTERT! Was immer das auch sei!

Alles Rucki Zucki, und in der Schnelle gibt es auch eine Delle. Meine Identität wird drunten im Kessel in der Königsstraße von dem freundlichen jungen Mann im Tarnanzug vereinfacht, verjüngt oder verstellt: Der „Dr." und der zweite Vorname wird nicht in die Impfbescheinigung aufgenommen. Das führt in der Corona-App im Smartphone bei der

Impfnotiz zu zwei Personen: Die ersten beiden Impfungen sind für „Dr. Manfred Hans Breitinger“ bestätigt. Die dritte Impfung einem „Manfred Breitinger“. Schizophrenie, oder wie? Kann in einer Apotheke korrigiert werden, wird uns gesagt. Tatsächlich konnte die Apotheke die Irritation korrigieren. Bin also mal wieder um eine Schizophrenie auf dieser Welt herumgekommen. Tiefes Durchschnaufen während des Alterns!

Freitag, 3. Dezember 2021. Es ist ein Abschied mit Pauken und Trompeten. Rund 200 Gäste waren gestern Abend dabei, als für Angelika Merkel auf dem Gelände des Vereidigungsministeriums der große Zapfenstreich zelebriert wurde. Vermutlich saßen mit mir ein paar Millionen vor dem Fernseher. Frau Dr. Angela Merkel wurde von der Bundeswehr als Kanzlerin der Bundesrepublik Deutschland verabschiedet. Ich sah die Zeremonie im Fernsehen. Berührend und staatstragend. Sie hat nach 16 Jahren Kanzlerschaft nicht mehr für ihr politisches Amt kandidiert. Genug ist genug.

Zu den bisher schon erschienenen Kanzlerin-Biografien kommen noch einige dazu. Da wird ihr Wirken im harten politischen Geschäft ausreichend dargestellt, ihre Erfolge und Verdienste um die Bundesrepublik und Europa, auch für den Frieden in der Welt gewürdigt.

Sie schenkte uns auch andere Momente. Solche, die über ihren 836 Wochen dauernden Berufsalltag hinausgehen. Die nun 67-jährige Ex-Regierungschefin jubelte 2014 in Rio de Janeiro nach dem Finalsieg mit der halb nackten deutschen Fußball-Nationalmannschaft in der Umkleidekabine, sie besuchte in Brüssel die berühmte Frittenbude „Maison Antione", kaufte zu Fuß in Berlin Mitte beim Metzger, Bäcker und im Supermarkt ein. Gelegentlich nahm sie da auch ihre Kollegen aus nahen und fernen Ländern mit. Urlaub machte sie mit ihrem Mann in Italien, winters beim Langlauf in Südtirol, sommers beim Wandern auf Ischia. Als Opernfan war sie regelmäßig in Bayreuth, und meist war ihr Dekolleté das herausragende Thema. Man sah, dass die Bundeskanzlerin eine Frau ist. Ganz und wahr.

Auch mit den gewählten Liedern zum großen Zapfenstreich zeigte Angie, wie sie liebevoll genannt wurde, ihren bodenständigen Humor. Nach einem Kirchenlied „Großer Gott, wir loben dich" wünschte sich die in Hiddensee in Mecklenburg-Vorpommern beheimatete Merkel „Du hast den Farbfilm vergessen" (Nina Hagen 1975). Bei diesem Song geht es darum, dass der Freund statt eines Farbfilms einen Schwarz-Weiß-Film eingelegt hat und nun die farbensatte Natur in Hiddensee als grau und trist erscheint. Eine ironisch verpackte Kritik am DDR-System?

Hildegard Knefs „Für mich soll's rote Rosen regnen“ (1968) – das Kult-Lied der Schwulenbewegung – zaubert ein Schmunzeln auf ihr Gesicht. Die letzte Strophe drückt die Vorfreude auf den Abschied aus.

„Für mich soll's rote Rosen regnen, mir sollten ganz neue Wunder begegnen, mich fern vom Alten neu entfalten, von dem, was erwartet, das meiste halten. Ich will, ich will.“

Eine starke Frau! Eine Kanzlerin hat Abschied genommen. Und wenn wir uns an unsere eigene Vergangenheit mit den unverzeihlich verpassten Gelegenheiten erinnern in den 1970er und 1980er Jahren, dann summen wir das Lied von Nina Hagen mit. Auch die im Westen Aufgewachsenen. Manchmal war es gut, keinen Farbfilm dabei gehabt zu haben. Wer will sich nach all den Jahren noch an das Tränental und das Elend erinnern? Welches? Lassen wir es ruhen. Freuen wir uns anhand der grauen Bilder der versäumten Heldentaten. Trösten können wir uns mit dem Lied vom vergessenen Farbfilm:

Hoch stand der Sanddorn am Strand von Hiddensee.

Micha, mein Micha, und alles tat so weh, …

Du hast den Farbfilm vergessen bei meiner Seel'

Alles blau und weiß und grün und später nicht mehr wahr …

Ich im Bikini und ich im FKK

Ich frech im Mini, Landschaft ist auch da, ja

Aber, wie schrecklich, die Tränen kullern heiß
Landschaft und Nina und alles nur schwarz-weiß
Micha, mein Micha, und alles tut so weh
Tu das noch einmal Micha, und ich geh …
Nun glaubt uns kein Mensch, wie schön es hier war, haha,
Du hast den Farbfilm vergessen bei meiner Seel'
Alles blau und weiß und grün und später nicht mehr wahr
Du hast den Farbfilm vergessen
Bei meiner Seel' ….

Danke, Frau EX-Bundeskanzlerin Dr. Angela Merkel, Sie haben viele Erinnerungen, auch unsere, geweckt.

Montag, 7. Dezember 2021. Zur Erinnerung: Am 30.11. waren wir in der Sportarena/Königstraße und erhielten die Impfung Nr. 3 (Booster = Auffrischimpfung). Heute zeigen die beiden Covid-Apps auf Manfreds und Ursulas Smartphones je eine rote Kachel: acht (8) hohe Risikobegegnungen am 30.11. Wir haben keinerlei Krankheitssymptome und daher keinen Testanlass.

Die Gesellschaft für deutsche Sprache hat vor ein paar Tagen bekannt gegeben, das Word des Jahres 2021 heißt „Wellenbrecher". Dieses Wort kennt man im Norden an der Küste eher als im Süden. 2021 haben sich besondere Wellen in ganz Europa, vor allem auf dem Festland, eingefunden.

„Corona", eine Viruswelle schwappt über die Kontinente. Die Infektion, mit möglichem tödlichem Verlauf, wird durch Maßnahmen bekämpft, die immer wieder diese Wellen bremsen. Nicht sicher ist dabei, ob die nächste Welle verhindert werden kann. Menschen tun sich schwer, die Maßnahmen Kontaktbeschränkung, Mund- und Nasenschutz, Abstand und auch das Impfen konsequent über längere Zeit durchzuhalten. Auch die Bestimmer in dieser Pandemie sind vorsichtig in den Beschränkungen. Sie haben auch andere Verantwortlichkeiten und zum Teil wollen sie von den Leuten, deren Lebensbereiche sie einschränken, regelmäßig wiedergewählt werden.

Schon 2020 hieß das Word des Jahres: „Corona-Pandemie". Mit Corona ist das Virus gemeint. Dagegen meint Korona (mit K, nicht mit C) den Strahlenkranz der Sonne, eine atmosphärische Optik, oder die Fabrik, welche Elektrogeräte, Waagen und Ähnliches herstellt. 2019 hieß das Word: Respektrente.

Schon vor ein paar Wochen verkündete dieselbe Gesellschaft das Jugendwort des Jahres 2021: „cringe". Wörtlich heißt es: „Zusammenzucken, erschaudern". Gemeint ist so was wie Fremdschämen. „cringy" ist die peinliche Situation. Im Jahre 2020 war „lost" das Jugendjahreswort: ahnungslos, verloren, verirrt.

Im Alter fragt man da: Gibt es auch für die Menschen 60plus regelmäßig ein ähnlich gefundenes Altersjahreswort? Ein Seniorenjahreswort? Am 27. Oktober 21 erschien in „Die Zeit“ der Artikel: „Wir fördern das Seniorenwort“. Dort ist zu lesen, dass Wörter, welche den Senioren zugeschrieben werden, meist nur Wörter sind, welche die junge Generation nicht oder nicht mehr kennt. Ist das Seniorenwort bald eine tote Sprache?

Vielleicht sollten Altersjahresworte wie Jugendjahresworte für alle neu und verständlich sein, nicht früher lebendig und heute vergessen. Schnabeltasse ist nicht gerade ein Wort, mit dem sich Senioren gerne schmücken.

Aktive und bewegungsfreudige Senioren sehen sich nicht nur jedes Jahr neu mit den Jugendwörtern konfrontiert: In der neuen Calisthenics-Anlage können sie unkompliziert ein paar Klimmzüge (dieses Wort ist bekannt!), Dips und Bauch-Übungen (auch letzteres!) machen. Werden die Senioren das Klettergerüst, das neudeutsch Calisthenics-System genannt wird, erobern? Man ist an der frischen Luft, was will man mehr?

Bis zum Jahreswechsel vor zwanzig Jahren lernten wir die neuen Münzen kennen. Zum 1. Januar 2002 wurde nach der Einführung des „Buchgeldes“ im Jahre 1999 die „Bargeldumstellung“ in fünfzehn Mitgliedsländern des Eurowährungsgebiets vollzogen. Seit zwanzig Jahren werden in Europa, auch im

Schwabenland und im wiedervereinigten Deutschland, offiziell nur noch Bargeld in Euro-Scheinen und Cent-Münzen als Zahlungsmittel verwendet.

Zur Einführung erhielten Bürgerinnen und Bürger in Plastiktüten Cent- und Euro-Münzen im Wert von zwanzig Deutsche Mark. Damals waren englische Begriffe verpönt und man konnte diese nur selten in den Zeitungen lesen. Selten las man „Starterkits". In der Regel wurden die Münzpäckchen mit Eurobeutel oder Eurosäckchen umschrieben. Die „Gesellschaft für Deutsche Sprache" hielt die Bezeichnung Starter-Kit für einen glatten Fehlgriff. Kümmerte sich die „Gesellschaft für Deutsche Sprache" damals mehr um die Alltagssprache als heute?

Noch heute, zwanzig Jahren danach, rechnet die Hälfte aller Deutschen bei größeren Anschaffungen die Eurobeträge in D-Mark um. Wer es genau wissen will, nimmt dazu den Taschenrechner. Festgelegt wurde: Ein Euro entspricht 1,95583 D-Mark.

Heute, im Dezember 2021, kostet eine Schwäbische Brezel im Bäckereifachgeschäft bei der freundlichen Verkäuferin mit der Mund-Nase-Bedeckung 80 Cent. Das sind umgerechnet in die DM-Zeiten fast 1 DM und 60 Pfennig. Für EINE Brezel!

Samstag, 11. Dezember 2021. Morgen, vor nunmehr 200 Jahren, wurde ein wahres Schreibgenie geboren. Er schrieb und Gefühle wallten,

Schmerzen quälten, Lust jubilierte und immer war für ihn der Seelendrang, nicht das materielle Sein, die Quelle fürs Leben, fürs Leiden und die Heilung. Gustave Flaubert (1821-1880) war ein unruhiger, aber visionärer Schriftsteller. Seine umfangreichen Werke werden immer noch gelesen, seine Gedanken führen uns über unsere materielle Welt hinaus.

Er meinte, Dichtung sollte ein gesteigerter Tagtraum sein, wahrer als die Wirklichkeit. Dahinter verbirgt sich mehr als nur das Denken eines romantischen Revolutionärs.

Nicht von ungefähr stolpert man heute noch über seine Worte. Wenn er über sich als den Autor und sein Werk spricht, wird man Flaubert Größenwahnsinn oder doch bescheidene Demut unterstellen: „Der Autor muss in seinem Werk sein wie Gott im Universum, überall präsent und nirgendwo sichtbar". Ob er dies geschafft hat, mit seinen Zumutungen und Desillusionierungen, welchen er seinen Figuren in der Bürgergesellschaft zuordnet? An dieser Stelle ein paar Bonmots aus seiner Feder. Zum Nachdenken. Über das Leben, die Liebe und auch das Ende, das für uns dazugehört.

„Als Kind habe ich von der Liebe geträumt, als junger Mann vom Ruhm; als Mann vorm Grabe jener letzten Liebe derer, die keine mehr haben."

„Ich will über die moralische Geschichte der Menschen meiner Generation schreiben – oder genauer über die Geschichte ihrer Gefühle. Es ist ein Buch über Liebe und Leidenschaft, wie sie heute existieren kann – nämlich eine untätige."

„In Gedanken ist mehr Wirklichkeit als in den Dingen."

„Zwei schöne Lippen sind mehr wert als alle Beredsamkeit der Welt."

„Die Frauen misstrauen den Männern im Allgemeinen zu sehr und im Besonderen zu wenig."

Da hat dieser Gustave Pflöcke in den Literaturgarten eingerammt. Er mahnt uns alle, besonders die Schreibenden. Ist es ein nur materielles Zeichen, dass ich mit dreiundsiebzig Jahren zusammen mit der sechsundfünfzig Jahre jungen Ursula eine frisch renovierte, moderne Dreizimmerwohnung in der siebten Etage einer 20 Stockwerke hohen Wohnanlage gezogen bin? Haben wir eine materielle Welt geschaffen, die wir für uns nützen und die uns beansprucht? Eine Wohnstatt mit stabilen Wänden, großen Fenstern und vielen Gegenständen. Mit einem Keller tief in der Erde und einem luftigen Balkon. Haben wir da Raum für Gefühle in dieser materiellen Welt? Träume? Verschwommene Wunschträume?

Haben wir in diesem schönen Bau Platz zum Atmen? Luft zum Altern? Einen Raum fürs Altern mit allen Gefühlen? Und was macht dieser materielle Raum mit dem Schreiben? Mit den Gefühlen, dem Altern, der Entwicklung? Vorwärts noch kurz, rückwärts war lang!

Mittwoch, 15. Dezember 2021. Mitten in der Woche, morgen mit den Kameraden am Mittag zum Skat spielen in die Kneipe „Alte Schule".

Heute aber ein kleiner Exkurs über das Wahre und Ganze.

Mitten in der Adventszeit und unter den Regeln der Covid-Zeit. Zur Ablenkung? Zur Erbauung? Einfach so? Wieder mal ein Tag, der uns näher an das Ganze – oder nur an die Grenze? – bringen kann?

Georg Wilhelm Friedrich Hegel wurde am 27.08.1770 in Stuttgart geboren, war am evangelischen Stift in Tübingen und hat uns in seiner „Wissenschaft der Logik" aufgeschrieben: „Das Wahre ist das Ganze." Verkneifen wir uns den Gedanken, ob er auch gemeint hat, „Gegensätze sind widersprüchlich". Dem könnte so sein. Oder aber ist es schlichter Nonsens. Widersprüchliche Gegensätze?

Wahrscheinlich meinte Hegel, dass das Wahre nicht nur das Äußere, nicht nur das Innere, nicht nur das Grobe, nicht nur das Feine, nicht nur das Runde oder das Eckige, nicht nur das Gute und bestimmt auch nicht nur das Schlechte, das Böse sein kann.

Das Wahre ist immer mehr als das EINE. Vielleicht auch noch mehr als die Summe der Teile des Ganzen. Das Wahre ist eben das Ganze. Ganz kapiert? Ganz verstanden?

Um dieses Verstehen abzusichern, genießen wir noch einmal ein paar Worte zum Hegel-Satz mit seiner ganzen Wahrheit, beziehungsweise in seiner wahren Ganzheit:

Das wahre Leben ist ein Traum mit einer hoffnungslos naiven, romantischen Vorstellung von der Liebe, die alle Grenzen, soziale Schranken, schichtenspezifische Ressentiments überwinden kann. Ganz? Gleich? Wahr? Mit Liebe, Konflikt, Arrangement, Happy End, Verlust, Krankheit und Tod?

Das Ganze ist das Wahre. Wahres Leben bedeutet am Ende auch Abschied nehmen, Verlust erleiden und Entrückt-Sein. Was sagt das uns, die wir täglich altern? Wahres im Ganzen.

Manchmal lassen sich die zähen Stunden bis zuletzt, bis zum Abschied träumen. Sind es nicht auch die wahren Geschichten, welche wir aus der Fachpresse beim Friseur kennen, deren Kitsch uns erfreut? Lebendig.

Altern ist nach Georg Wilhelm Friedrich Hegel kein Kitsch, sondern Teil vom Ganzen. Ein Wahres. Was das für uns als Person bedeutet? Wer weiß das schon? Und wer sagt es seinem Nachbarn?

Ist die Vielfalt des Ganzen vielleicht nur in klitzekleinen Einzelheiten zu spüren? Oder erfahren wir das Wahre des Alterns nur vollkommen, eben gänzlich, im vollen Umfang, ratzekahl, völlig, auf Gedeih und Verderb zusammen mit der Vielfalt des Ganzen. Und dem Widersprüchlichen!

Altern? Wenn es vor der Tür steht und hereinkommen will, muss man die Tür öffnen. Genauso wie man dem anklopfenden Glück die Türe aufmachen soll. Nur so kann man das wahre Altern in seiner Gänze erfahren. Altern mit allen Schattierungen, dem Glück und der Vielzahl dessen, was noch dazugehört. Dem Guten und dem Bösen. Deshalb ist Theodor Fontanes Wunsch zum Weihnachtsfest auch zum heutigen Altern, dem Leben in diesen Tagen angebracht:

Noch einmal ein Weihnachtsfest
immer kleiner wird der Rest,
aber nehm‘ ich so die Summe,
alles Grade, alles Krumme,
alles Falsche, alles Rechte,
alles Gute, alles Schlechte -
rechnet sich aus all dem Braus
doch ein richtig‘ Leben raus.
Und dies Können ist das Beste
wohl zu diesem Weihnachtsfeste.

Theodor Fontane (1819-1898)

Samstag, 18. Dezember 2021. Was stört mich? Warum? Hab ich nun kein neugieriges Interesse mehr? Oder ist es mein biologisches Alter, das mich bremst, mehr als das Kreuzworträtsel der Tageszeitung zu lösen? Google darf benützt, gefundene Wörter vergessen werden.

Baff bin ich am Morgen über einen Artikel in der Tageszeitung „Stuttgarter Nachrichten“, in der ich regelmäßig die Todesanzeigen studiere. Die Einschläge kommen näher!

Wenn du meinem Jahrgang (ups.: nur altersmäßig) nahe bist, kennst du sie auch: die Artikel von aufstrebenden Jungjournalistinnen. Alles hip und so? Mega!

Da gibt's was zum Lesen und Lernen. Von einem „Mobility Hub“ mit verschiedenen Carsharing-Anbietern am Bahnhof in Lindendorf wird berichtet. Der dortige Bahnhofsmanager erklärt auch, was es mit dem „Huben“ auf sich hat. Man benötigt dazu eine digitale Applikation mit dem Namen „Mobility Stuttgart“. Weiter wird berichtet – nicht auf der Seite mit den Todesanzeigen –, dass der Manager des Bahnhofs alles genau erklärt: Neben der App ist ein Handy oder ein Tablett notwendig.

Ein Handy benötigen diejenigen, die da mitmachen wollen. Ich, meine Frau und andere ehrwürdige Erwachsene haben doch nur noch so ein modernes Smartphone. Vom Handy haben wir uns schon lange getrennt. Aber nein, um die Älteren unter uns anzusprechen, sagen die Jungen „Handy“ zu den neuen Dingern. Den Smartphones. Alles klar? Da wissen die Alten, was gemeint ist.

Im Regionalteil der Zeitung lesen wir zudem an diesem Samstag: Bekannte – aber uns nicht bekannte – Naturfreunde im schwäbischen Ländle laden zum Erkunden der Naturroute „natura trail Lemberg/Greutterwald“ ein. Ob wir „Alten“ auf diesem Weg wandern dürfen? Im Frühjahr probieren wir’s.

Die Sprache bestimmt das Bewusstsein. Bis dahin! Bestimmt!

Montag, 20. Dezember 2021. Die Dämmerung unter der Wolkendecke löst sich auf. Es ist frisch. Mütze und Handschuhe schützen. Das Gehen vom Asemwald zum Bezirksrathaus in Plieningen über die landwirtschaftlichen Wege vorbei an abgeernteten Mais-, Kohlfeldern und Wiesen dauert fast fünfundvierzig Minuten.

Mein Personalausweis läuft im Sommer 2022 ab. So lange ist er gültig, aber beim Reiseantritt ins europäische Ausland sollte er noch sechs Monate Gültigkeit haben. Deshalb stoße ich die Eingangstür zu den Räumlichkeiten des Bezirksrathauses auf und begrüße eine buchlesende junge Frau, welche – ich habe es erkannt – mein Impfzertifikat mit ihrer App auf meinem Smartphone scannen will. Mit ihren gepflegten Händen und farblich mit dem Blazer abgestimmten lackierten halblangen Fingernägeln reicht sie mir ein DinA6 große Karte mit der Nummer „vier“. Das ist die Eintrittskarte in den Warteraum vor dem Bürgerbüro im ersten Stock. Dort kann ich an einem Automaten per Knopfdruck eine Nummer ziehen. Nummer „dreiundzwanzig“. Ich setze mich mit über Nase und Mund angelegter Maske im coronagerechten Abstand zur Nummer zweiundzwanzig und einundzwanzig. Es dauert nicht lange, da sind meine beiden Vornummernträgerinnen wieder auf dem Weg an der buchlesenden Kontrollerin vorbei hinaus aus dem Rathaus. Ich trete ein und inside im Bürgerbüro formuliere ich mein Anliegen. Von der namenlosen Beamtin, wieder sehr dezent und stilsicher gekleidet, bin ich – wie alle Bürger, welche ihre Angelegenheiten im Rathaus regeln wollen – durch eine große Plexiglasscheibe getrennt. Ich erfahre, dass ich ein aktuelles Passbild mitbringen darf. Hier im Rathaus werden keine Bilder gemacht. Vermutlich ist man trotzdem im Bilde.

Mit der Stadtbahn fahre ich nach Möhringen. Dort besorge ich mir vier Passbilder für 17 Euro. Dann geht's mit der Stadtbahn wieder zurück nach Plieningen und an der Empfangsdame mit einer neuen Nummer vorbei in den Warteraum. Nach kurzer Wartezeit übergebe ich der Dame hinter dem Plexiglas das Passbild. Gleichzeitig fülle ich den Antrag für einen neuen Ausweis aus. Die Fingerabdrücke von beiden Zeigefingern und beiden Daumen darf ich elektronisch „abgeben". Zum Schluss unterschreibe und bezahle ich siebenunddreißig Euro. Per Post werde ich erfahren, wann ich im neunen Jahr meinen neuen Personalausweis in diesem Bezirksrathausgebäude mit den reizenden Mitarbeiterinnen abholen kann.

Dienstag, 21. Dezember 2021. Gestern war der kürzeste Tag und mit der Nacht auf den heutigen Tag folgte die längste Nacht. Ab heute werden die Tage wieder länger und die Nächte kürzer.

Der Sonnenaufgang gestern war um acht Uhr zwölf Minuten. Nach genau acht Stunden und achtzehn Minuten, um sechzehn Uhr und dreißig Minuten, ging in Stuttgart im Asemwald die Sonne unter.

Die längste Nacht des Jahres hier begann am 20.12.21 um sechzehn Uhr dreißig, dauerte genau fünfzehn Stunden und zweiundachtzig Minuten bis heute (21.12.21) um acht Uhr und zwölf.

Heute geht die Sonne um sechzehn Uhr einunddreißig Minuten unter. Zwischen Sonnenaufgang und -untergang sind es acht Stunden und neunzehn Minuten.

Bis zur Sonnwendfeier im Sommer 2022 werden die Tage immer länger und die Dunkelheit wird immer kürzer. Die Welt, auch wir, werden älter.

Es sind Erinnerungen, die uns ein Lächeln aufs Gesicht zeichnen. Da behaupteten wir in unserer Jugend und tönten zu den Alten: Unsere Nächte sind schöner als eure Tage! Und ratschlagten: Mach die Nacht zu deinem Tag. Stellten fest: In der Nacht sind alle Katzen grau. Und andere selbstgefällige Aussagen. Ach, waren wir da noch jung, und doch begann das Altern.

Donnerstag, 23. Dezember 2021. Wie schon die letzten Tage habe ich vom Frühstückstisch durch die großen Fensterscheiben den Aufgang der Sonne über der Schwäbischen Alb beobachtet. Laut Zeitung geht die Sonne heute um acht Uhr dreizehn Minuten auf. Unter geht sie um sechzehn Uhr und zweiunddreißig Minuten. Die Tage werden in Minutenschritten länger.

An den weiterführenden Schulen wurden die Schülerinnen und Schüler gewarnt, in den Winterferien ins Ausland zu reisen. Sie müssten höchstwahrscheinlich bei der Rückkehr in eine (vorsorgliche) Quarantäne. Die ersten Schultage im neuen Jahr könnten sie nicht zur Schule kommen. Zur Strafe gäbe es dann für die versäumten Klassenarbeiten die Note sechs. Aber werden in den ersten Schultagen im Neuen Jahr überhaupt Klassenarbeiten geschrieben? Extra?! Kopfschütteln überall!

Andere Sorgen haben – laut Tageszeitung – die beiden großen christlichen Kirchen. Anscheinend sind nun mehr als die Hälfte der in der Bundesrepublik Deutschland lebenden Menschen nicht mehr Mitglieder bei einer der beiden großen christlichen Kirchen. Diese sehen sich dazu veranlasst, einen modernen, vielschichtigen Werbefeldzug zu organisieren. S'wird doch kein Kreuzzug werden!

Morgen ist Heiligabend. Und der 24. Dezember ist auch Namenstag von Eva und Adam. Muss man das wissen? Oder Frau? Vielleicht Eva und Adam. Wer noch?

Morgen feiere ich mein 73. Weihnachtsfest. Interessanterweise könnte man hier eine Geschichte der Weihnachtsgeschenke notieren. Geschichten vom hölzernen Spielzeugauto, zur Märklin-Eisenbahn, den Büchern und Ski- und Sportgeräten, zu den angesagten Kleidern bis hin zu den letzten Weihnachtsessen, zu den Reisen in ferne Länder mit Weihnachten am Strand und den gemütlichen Fernsehabenden. Die Geschenke waren dem Alter angepasst. Oder wenigstens dem gefühlten Alter!

Freitag, 24. Dezember 2021, Heiligabend
Immer wieder und schon seit Jahrzehnten versuche ich mit Worten zum Fest und dem Jahreswechsel den Bekannten, den Freunden und Verwandten zu zeigen, dass das Leben schön ist, dass wir alle dankbar sein können. Im Hier und im Jetzt. An dieser Stelle der tagesaktuelle Gruß aus dem Asemwald an Freunde nah und fern.

Weihnacht 2021 – Jahreswechsel 2021/2022
Nicht das bunteste Bild.
Nicht das größte Glück.
Nicht die heißeste Musik.
Nicht das berauschendste Bad.
Dir wünsch ich eine Sehnsucht,
ein beglückendes Verlangen.
Dir wünsch ich ein gesegnetes Vergeben,
eine heilende Zufriedenheit.
Ein Kieselstein soll Deine Hände schmeicheln,
ein Schluck Wasser und Wein, ein kerniges Brot,
zeige Dir den richt'gen Weg aus jeder Not.
Ein fester Händedruck von Herzen,
ein stilles Lächeln aus bekannten Augen,
helfen Dir Frühling, Sommer und Herbst zu riechen,
und die weiße Pracht der Winterwelt zu genießen.
Ob die Sonne scheint oder der Himmel weint:
Jeder Tag sei Dir ein Geschenk,
dann fühl ich mich wohl, wenn ich an Dich denk.
(M.B.)
Dazu auch in dieser Zeit, in der alle wie gebannt auf den Virus starren, was die Gemüter drückt,
WORTE, DIE UNS MUT MACHEN:
IM NEUNEN JAHR KÖNNTE
EINIGES BESSER WERDEN.
VIELLEICHT AUCH VIELES! ODER ALLES.
WARUM EIGENTLICH NICHT?
VERSUCHEN WIR ES EINFACH.
Frohes Fest und alles Liebe!

Sonntag, 26.12. 2021 (der zweite Weihnachtsfeiertag). Heute jährt sich der Tag, an dem meine Mutter nicht mehr die Augen aufmachte, keinen Tee mehr trank und wir uns von ihr verabschiedeten. Sie war in den nächtlichen Stunden zum zweiten Weihnachtsfeiertag 1999 im Alter von 79 Jahren verstorben. Eine halbjährige Krankheitszeit mit verschiedenen Aufenthalten in der Intensivstation im Blaubeurer Kreiskrankenhaus ging voraus. Jetzt lag sie schon einige Wochen im Bett zu Hause in ihrer Wohnung im Haus meines Bruders.

Noch rechtzeitig konnte ich am Abend zuvor neben ihrem Bett bis zur Mitternachtsstunde wachen und ihre Lippen befeuchten. Ich trank einen Rotwein und war sprachlos. Sprachlos war sie auch und unsere Gedanken konnten wir nicht lesen. Viele Gedanken.

Am Ende und heute noch bin ich aufgewühlt: Ich hätte doch noch so viel zu sagen gehabt. So viele „Dankeschön“, so viel Male um Verzeihung zu bitten und so viel zu erzählen, was sie noch gar nicht wusste. Über ihren Erstgeborenen.

An Silvester 1999 wurde sie auf dem städtischen Friedhof beerdigt. Das Grab ihres Ehemannes und unseres Vaters wurde aufgelöst, dessen Reste zu ihrem Urnengrab beigelegt. Die Grabstätte habe in den darauffolgenden Jahren sehr selten bei meinen Besuchen meines Heimatstädtchens besucht.

Aber jedes Mal, wenn ich in die Sauna, z.B. im Mineralbad Leuze, gehe, hab‘ ich ein Stück von ihr dabei. Dankend denke ich an sie: zwei wunderschöne, farbenfrohe, gewebte Badetücher, welche sie mir zu Beginn der 1990er Jahre geschenkt hat. Singulär unter den neumodischen Saunatüchern.

Jetzt – nach 20 Jahren – wird die Grabstätte aufgelöst. Den Grabstein wird mein Bruder in einem Baum/Wiesen-Grundstück seines Sohnes, ganz in der Nähe des Blaufelsens, aufstellen.

Was haben wir versäumt, unseren Eltern zu sagen? Auch wenn wir oft an die Verstobenen denken, lustige und typische Episoden des Miteinanders immer wieder ins Gedächtnis rufen, ihnen können wir nichts mehr sagen. Wie geht es denen, die uns überleben? Werden sie auch noch was sagen wollen? Nicht mehr können?

Montag, 27. Dezember 2021. Noch vier Tage, dann ist das Jahr 2021 Geschichte. Vorbei. Gestern habe ich im Fernsehen einen Jahresrückblick angeschaut. Und irgendwie dankbar bemerkt, dass es im Jahre 2021 nicht nur Corona gab. Corona bedeutete Einschränkungen. In unserem Ländle. In Deutschland, Europa und überall. Mehr oder weniger.

Es gab auch Naturkatastrophen, Vulkanausbrüche im fernen Osten, aber auch auf La Palma. Letzterer begann am 19. September und hielt die Menschen drei Monate in Atem. Nachdem der bisher namenlose Vulkan bereits am Abend des 13. Dezember weitgehend zur Ruhe kam, haben die spanischen Behörden zum Weihnachtsfest den Ausbruch für beendet erklärt.

Von menschlichen Tragödien, schrecklichen Unfällen und politischen Verwicklungen, Streitereien, Kriegen und Attentaten in fernen Ländern wurde berichtet.

In Deutschland wurde nach einem schwierigen Wahlkampf ein neuer Bundestag gewählt. Dieser hat nun über 700 Abgeordnete. Es ist nach dem chinesischen Nationalen Volkskongress die zweitgrößte Anzahl an Parlamentarier in einem Parlament.

Wir kamen trotz aller Einschränkungen durch die immer wieder veränderten Corona-Regelungen für das gesellschaftliche Leben ungeschoren davon.

Nun eine Aufzählung von Ereignissen, die wir persönlich im Jahre 2021 erlebten und die uns berührten:

- 14. März 2021: Vorstand und Beisitzer im Wahllokal in Degerloch zur Oberbürgermeisterwahl (Stichwahl) Stuttgart.
- In Hinterzarten waren wir im Juni eine Woche zur Erholung.
- 02. Juli: Mit Wanderkameraden zum Friedwald in Münsingen mit der Bahn/Bus. Kamerad und enger Jugendfreund Gerhard B. hat dort seine letzte Ruhe gefunden.

- Am 23.- 25. Juli waren wir bei meiner Tochter Karolin in Aschheim. Sie heiratete ihren Lebensgefährten Stefan. Dabei waren über 50 Heavy-Metal-Freunde aus aller Welt. Eine Veranstaltung mit vielen Tattoos, lauter Musik und sehr viel Underberg.
- In Bayreuth sahen und hörten wir am 31. Juli „Den fliegenden Holländer". Ich war begeistert.
- Wir besuchten auf dem Rückweg in Igersheim meinen Freund Dieter F.
- Am 18. September besuchen wir die fast 80jährige Marianne W. in Sebastiansweiler (Mössingen).
- Vom 8. Bis 10. Oktober war ich mit acht Kameraden aus der Schulzeit auf unserer jährlichen Herbstwanderung „Rund um Baden-Württemberg". Diesmal von Schaffhausen bis Radolfzell.
- Am 23. Oktober 2021 traf ich im Kaffeehäusle in Reutlingen nach zwanzig Jahren ehemalige Peter-Rosegger-Schüler mit den Theaterleuten des Projektes „KASPAR" in den Jahren 1999-2003.
- In Bad Buchau waren Ursula und ich vom 31. Oktober bis 7. November 2021 zur Fitness und Wellness.
- Am 13. November traf ich Olaf E. (inzwischen 52 Jahre alt) und seinen Zivildienstleistenden

zu Schulzeiten in den Jahren 1990/91 Bernd B. (nun auch 52 Jahre alt) in Reutlingen-Ohmenhausen.

- Am 14. November fuhr ich Ursula mit einem Carsharing Auto nach Baisersbronn ins Bareiß, und holte sie am 21. November wieder ab.

Sie werden immer mehr. Meine Arzttermine 2021:

08.03. Urologe Dr. Volz, weiterhin zwei verschiedene Tabletten

29.03. Augenarzt, Dr. Rödinger, Augentropfen für trockene Augen 17.04 Impfzentrum Messe 1. Impfung BioNTech

30.04. Kardiologe, Überprüfung des Herzes und Kreislauffunktionen, weiterhin verschiedene Tabletten

29.05. Impfzentrum Messe: 2. Impfung BioNtech / 07. 06. Zahnarzt (Zahnärztin in Asemwald) Zahnreinigung / 21. 06 Zahnarzt Kontrolle /

14. 09. Urologe Dr. Volz / 25.10. Hausarzt Dr. Kraiß Grippeimpfung

30. 11. Impfzentrum Sportarena (Königstr.) die 3. Corona-Impfung BioNtech.

2021 ist mehr als ein Coronajahr. Viel mehr. Trauriger, aber auch lustiger, als es immer wieder schien.

Ich bin in diesem Jahr älter geworden und uns wurden einige Botschaften zum neuen Jahr zugeschickt.

Ein Spruch, der dem nun 85-jährigen Schauspieler Anthony Hopkins zugesprochen wird, soll uns im Neuen Jahr begleiten:

„Keiner von uns kommt hier lebend raus. Also hört auf, euch wie ein Andenken zu behandeln. Esst leckeres Essen. Spaziert in der Sonne. Springt ins Meer. Sagt die Wahrheit und tragt euer Herz auf der Zunge. Seid albern. Seid freundlich. Seid harmonisch. Für nichts anderes ist Zeit.“

Dienstag, 28. Dezember 2021. Eine gravierende Veränderung erfuhren wir Anfang des Jahres. Wir kauften eine sehr sanierungsbedürftige Wohnung in der Wohnstadt „Im Asemwald“. Genau: Im Asemwald 60// Etage 7.

Im Herbst 2020 veräußerte ich meine schnuckelige Zweizimmerwohnung. Eine Zweitwohnung in der Pestalozzistr. 113 in Reutlingen. Wir lebten in der Keidelstraße 10 in Stuttgart Degerloch. Ursulas Mutter vererbte 2020 ihren beiden Töchtern auch einen Batzen Geld. So konnten wir ein Angebot über die BW-Bank annehmen: Eine Dreieinhalbzimmerwohnung in der siebten Etage des 20-stöckigen Wohnblocks Nr. 52-62.

Nachfolgend eine stichwortartige Auflistung einiger Ereignisse und der Sanierungsfortschritte vom Kauf bis zum Einzug. Alles gelang, auch wenn die Coronapandemie alle Beteiligten immer wieder zu neuen Verhaltensmaßnahmen zwang.

Di. 8.12.20: Notartermin, Dr. Felix Kübler Fangelsbachstraße 1 70178 Stuttgart. Mit Maske, Plexiglastrennwände und Abstand: Die sanierungsbedürftige Wohnung wird gekauft. / Irgendwann im Dez. 20: Besichtigung der Wohnung durch Frau E., Staatl. geprüfte Bautechnikerin, Mey-Generalbau GmbH, Au Ost 5, 72072 Tübingen. Ziel: Angebot des Generalunternehmens Mey zur Sanierung der Wohnung. / Di. 12.01.21: Kostenvoranschlag der Firma Mey erhalten. / Di. 19.01.21: Nach Entrichtung der Kaufsumme um 15:30 Uhr Wohnungs- und Schlüsselübergabe durch Herrn F. (BBW) und Herrn Otto B. (Erbe und Verkäufer der Wohnung). / Do. 21.01.21 14:30: Besprechung bei Generalbau-Unternehmung Mey in Tübingen: geplante Baumaßnahme: vom 8.2. bis 20.3. (ca. sechs Wochen). / Do. 18. 02. 21: Beginn der „Entkernung": Boden, Wände, Küchen(-möbel), Bad- und WC Bereich. / Mo. 22.02.21: Besprechung: Garagenbox am Tiefgaragenplatz (Gitter, verschließbar, Fahrradgarage). Besprechung: Neugestaltung Bad/WC. / Mo. 1.03.21: Badausstattung raussuchen (Fellbach). / Di. 02.03.21: Besprechung: Boden, Wände, Fliesen. / Do. 04.03. 21 Besprechung Küche. / Fr. 12.03.21: 15:00 Möbelhaus Braun Schlafzimmerschrank bestellt. / Ab Di.16. 03. 21: Sanitärarbeiten. / Montag, 22.03.- Fr. 09.04.21: Fliesen, Bodenleger, Maler, Elektro.

Umzugsvorbereitungen. / Mo. 12. 04. 21: Telefon/Wlan installiert. Vorläufige Endreinigung. / Di. 13.04.21: (vorläufige) Endabnahme. / Mi. 14.04.21: Schlafzimmerschrank (Möbel Braun), und Waschmaschine aufgestellt.

Donnerstag, 15.April 2021 UMZUG/EINZUG

Ohne Küche, mit einer elektr. Herdplatte, Wasser vom Bad, Küchenarbeitsplatte: Höhe ca. 80 cm: ca. 15 aufgestellten Umzugskartons (siehe 9.11.2021). / Mo.19. 04 2. 21: Klaviertransport von Degerloch nach Asemwald. / Mi. 21.04.21: Räumung Keidel Straße 10 in Degerloch. / Fr. 23.04.21: Lieferung und Einbau Dusche, Heizung (Absperrventile angebracht). / Fr. 7.05.21 und Sa. 8.05.21: Küchenaufbau später: Stromkabel zum Mikrowellenherd angebracht. / Do. 27.05.21: Garderobe angeliefert und montiert (Hofmeister). / Fr. 28.05.21: Spiegelschrank für Bad geliefert, Elektrik montiert. / Sa. 29.05.21: Küche Restarbeiten. / Mo. 31.05.21: Sessel geliefert (Möbel Braun). / Di. 22.06.21: Leisten montiert und Böden ausgebessert. / Fr. 25.06.21: Verschattung und Elektro montiert. / Sa. 26.06.21: Türe zum Bad/WC eingebaut (Tür nach innen = nicht wie geplant!!). / Di. 13.07.21: Liegesofa fürs Arbeitszimmer geliefert (Möbel Braun). / Mi. 21.07.21: Highboard Wohnzimmer geliefert/ montiert (Möbel Hofmeister)./ Ende Juli: kleinere Nacharbeiten: Sanitär, Elektro, Maler. / Sa. 14.08.21: Türe zum Bad richtig eingebaut (Tür öffnet sich nun nach außen zum Flur). / Di. 7.09.21 um 7:30 Uhr: Maler im Bad (Türrahmen).

Abschließend die Zusammenstellung der Kosten:

Die „größeren“ Beträge:

Kaufpreis: 279.000,00 Euro

Maklergebühren: 12.000,00 Euro

Grunderwerbsteuer: fast 7.000,00 Euro

Notarkosten: fast 600,00 Euro

Generalsanierung: fast 100.000,00 Euro

Alles zusammen: 398.600,00 Euro

In der Zeit von Januar bis September 2021.

Nicht aufgeführt sind die Kosten für den Umzug, den Klaviertransport, Möbelkauf und, und, und ...

So errechnet man zu einer 80 qm großen 3,5-Zimmerwohnung pro qm = ca. 5000 Euro.

Nun haben wir eine schöne Wohnung! In einer schönen Wohnstadt, im Asemwald. Für mich die letzte auf dieser Erde? Warum nicht?

Freitag, 31. Dezember 2021. Ein Jahr ist vorbei. 365 Tage ist das Jahr alt geworden. Noch ein paar Stunden, dann beginnt das Neue. Das dauert. Das wird wieder 365 Tage alt werden.

Das nun vergangene Jahr zeigte uns auch die Endlichkeit. Salopp gesagt, in und um meinen Jahrgang herum häufen sich die Einschläge. (Ich wiederhole mich!)

Mitte April 2021 teilte mir Hans-Jörg B. mit, dass unser Kamerad Gerhard B. sehr krank sei und er sicher nicht mehr lange unter uns sein werde. Tatsächlich konnte ich ihn nicht mehr besuchen. Einen Brief schrieb ich ihm. Er war mein Kinder- und Jugendfreund, mit dem ich im Erwachsenenleben auch aus der Ferne sehr verbunden war. Er ist uns vorausgegangen. Im Friedwald in Münsingen nahm seine Familie Abschied von ihm. Wir Wanderkameraden waren einen Monat später dort und erinnerten uns an den Kameraden, Freund und Wanderführer.

Es tat weh und tut auch heute noch weh, einen Kameraden so hilflos und eingeschränkt, einsam leidend zu wissen und seinen Tod dann als Erlösung anzusehen. Es bleibt die Enttäuschung, mit ihm werden wir keine weiteren Wandertage mehr genießen können.

Erinnern kann ich mich an viele Begegnungen und Unternehmungen, in denen wir zusammen die Welt erkundeten. Das Leben in seiner Schönheit erfahren durften. Auch manchen Blödsinn machten.

Da waren Ende der 1960er Jahre die Sonntagsfahrten mit dem großen Audi seines Vaters, zum Minigolf und sonst wohin. Die Samstagabende in der Klosterstraße in Blaubeuren beim „Spätfilm“ im Fernsehen. 1968 waren wir zusammen auf der Bühne des Theaters in der Westentasche und durften als „Laien“ bei Handkes „Publikumsbeschimpfung“ alle im Raum und anderswo beschimpfen.

Wir trampten in den sechziger Jahren nach Wien und zum Lido. Haben im Straßengraben geschlafen und hatten viel Freude mit den Mädels an der Adria und überhaupt.

Und nach meinem Abitur 1969 waren wir für eine lange Nacht in Frankfurt. (Unvergesslich: „… nehmen Sie die Hände aus den Taschen, das Ding ist viel zu klein, und geben Sie Applaus".)

Gerhard war Trauzeuge bei meiner ersten Eheschließung 1972.

Mit unseren jungen Familien waren wir in den 1980er Jahren über Pfingsten in Galltür und auf anderen Hütten im Allgäu beim Wandern.

Später gab es unzählige mehrtägige Herbst- und ein paar wenige Frühjahrswanderungen in den Baden-Württemberger und den Pfälzer Gauen. Anfänglich waren wir bis zu achtzehn Kameraden, in den letzten Jahren immer noch acht bis zwölf.

Nicht nur dass Gerhard B. die Wanderungen organisierte, sie waren ohne ihn nicht denkbar. Ob beim Singen der „Lumpenlieder" oder beim Kartenspiel bis tief in die Nacht. Legendär waren die heute politisch nicht mehr tolerierten Lieder vom „Neger Jim", den schon Hans Albers mit „schwarz wie Kohle, vom Scheitel bis zur Sohle" beschrieb. Auch die Seefahrt war unzählige Verse lang lustig. Gerhards sonore, jazzige Stimme klingt uns allen noch in den Ohren.

Bei der Wanderung im Herbst 2021 fehlte er zum ersten Mal. Spürbar! Still!

Heute noch spüre ich das Ziehen meiner Waden, wenn ich daran denke, wie Gerhard mich 2006 beim Heilbronner Trollinger Marathon die letzten Kilometer begleitete und anfeuerte. Am Ziel strahlten wir um die Wette zur Medaille und der Flasche Heilbronner Trollinger. Herrlich, ein Moment fürs Leben!

Zu den beschaulicheren Albvereins-Besenwanderungen lud er später ein und wir konnten mit ihm und seinen Vereinskameraden aus Merklingen den guten Württemberger Trollinger „schlotzen“.

Es war immer ein Erlebnis, ein Glück, dass wir das alles machen durften. Konnten. Zusammen. Gerhard! Wir haben mit dir und du mit uns Glück gehabt. Viele schöne Erlebnisse hatten wir miteinander.

DANKE
DU BIST
EIN
STÜCK
DES WEGS
MIT MIR
GEGANGEN
DANKE
(M.B.)

Samstag, 01. Januar 2022 (NEUJAHR). Nun leben wir schon seit 20 Jahren in Deutschland mit dem EURO. In zwölf europäischen Staaten wurde die

Währung „Euro“ am 1. Januar 2002 eingeführt. Noch heute kann man hören: Was das kostet! Vier Euro, das sind 8 Mark. Viel zu teuer. Auch bei größeren Beträgen ist diese Rechnerei noch im Blut. Schon nachgerechnet: Die Wohnung Nr. 472 in der 7. Etage und deren Sanierung kostete rund 400.000 Euro = ca. 800.000 Deutsche Mark.

Bei Reisen nach Griechenland, Italien, Malta, Portugal, Frankreich, Österreich konnte ab 2002 in einer Währung bezahlt werden: Euro. Die Schweizer halten sich noch an ihre Franken (Fränkli). Wie es scheint, haben sie dadurch mehr Vorteile als Nachteile.

Dienstag, 4. Januar 2022. Und irgendwie sind es die Sprüche, angeblich Sprüche für die Ewigkeit, die unser Werden und vielleicht auch unser Sein beschreiben. Sie zeigen Momente – Gefühle – welche diese Generation durchlebt, durchlitten und grenzenlos genossen hat.

Nehmen wir Zitate aus den Filmen der letzten fast hundert Jahre, die uns beim Erwachsenwerden, dem Mann- oder Frau-Werden begleiteten, trösteten, auch aufrüttelten. Sie sind ein farbiges Kaleidoskop, das uns bunte Erinnerung schenkt.

Schon 1939 sprach Clark Gable als Rhett Butler in „Vom Winde verweht“: „Ehrlich gesagt, meine Liebe, das ist mir egal.“ („Frankly, my dear, I don’t give a damn.“)

Als Mafiaboss meinte 1972 Marlon Brando in „Der Pate“: „Ich werde ihm ein Angebot machen, das er nicht ablehnen kann.“ Und schon 1954 in „Die Faust im Nacken“ als Ex-Boxer Terry Malloy: „Aus mir hätte etwas werden können.“ („I coulda been a contender“).

1942 lautete der legendäre Trinkspruch von Humphrey Bogart als Rick in Casablanca: „Here’s looking at you, kid.“ (frei übersetzt: Ich schau dir in die Augen, Kleines.) und der Schlusssatz: „Ich glaube, das ist der Beginn einer wunderbaren Freundschaft“. Ebenfalls in diesem Film: „as time goes by“ („Spiel es, Sam spiel“).

Von der Legende Sean Connery hörten wir die Bestellung: „A Martini, shaken, not stirrid“ („Martini, geschüttelt, nicht gerührt“). Robert De Niro war schon 1976 in „Taxi driver“ erstaunt: „You talking to me?“ („Du sprichst mit mir?“).

Schon sonderbar, dass weder „Ich liebe dich“, noch „Verpiss dich“, oder „Lass uns Liebe machen“, „Pack die Badehose ein“, „Nicht fummeln, Liebling“ sich in dieser Zitatensammlung finden lassen. Wahrscheinlich sind dies eben die persönlichen und geheimen Lebenssprüche unserer Nachbarn. Wie auch „Hol mir eine Flasche Bier aus dem Keller.“ Oder „Mach Platz da“ und „Das ist nichts für kleine Mädchen“.

Nun frage ich mich nicht lange und nicht intensiv, wen interessiert das alles? Wen interessiert ein

Spruch schon? Im Alter, im Werden? Vielleicht doch in der heimlichen Erinnerung und im immer noch sehnenden Herzen: „Komm in meine Liebeslaube, komm in mein Paradies …“

Mittwoch, 5. Januar 2022. Altern. Mag sein, dass dies eine sehr ernste Angelegenheit ist. Leidvoll. Kompliziert. Am Ende ist Altern am Ziel. Schwerelos und frei? Auf dem Weg dorthin, wo das Altern endet, geschehen Dinge, die uns erfreuen, die uns belasten.

Humor macht angeblich Last erträglicher. Ob man diese dann selbst zu tragen hat, oder ob der Nachbar unterm Joch steht? Gute Frage, oder? Schwarzer Humor sei in Extremsituationen oder auch im alltäglichen Trott der beste Humor. Und gibt es den morbiden Humor? Kann Humor auch krank sein? Abgedreht, leicht pervers und pietätlos. Oder alles zusammen?

Verbrechen, Krankheit, Tod und Ähnliches werden gewöhnlich ernsthaft und voller Würde dargestellt. Eine eher satirische Darstellung oder bewusst verharmlosende Weise dieser Angelegenheiten berührt manchen Zeitgenossen unangenehm. Und wie erleben das die Alternden? Können die Alternden noch „lachen, bis die Schwarte kracht“, oder „schmunzeln, bis das Kopfschütteln den Sturm entfacht“?

Hier zum Beginn des Jahres 2022 ein paar morbide Geschichten. Zum Schmunzeln, zum Lachen? Zum Wegducken? Schämen oder Fremdschämen? Einfach mal so:

>Entschuldigen Sie, wie komme ich am schnellsten ins Krankenhaus? – Stellen Sie sich in die Mitte der Schnellstraße. <

>Sagt ein Tauber zum Blinden: Ich kann die Behindertenwitze nicht mehr hören!

Sagt der Blinde zum Tauben: Sehe ich genauso. <

>Was ist ein toter Spanner? – Weg vom Fenster. <

>Wie war die Stimmung in der DDR? – Sie hielt sich in Grenzen. <

>Was hat ein Mann ohne Beine? – Einen dreckigen Popo. <

Ein Hinweis an alle Autoren, auch den Möchtegernautoren:

>Ich mag meine Freunde kochen und meinen Hund auch. < Satzzeichen können Leben retten. Hier ist es ein Komma!

>Was bleibt dem ungeduldigen Papst, um beruflich aufzusteigen? – Selbstmord. <

>Was steht auf dem Grabstein eines Mathelehrers? – Damit hat er nicht gerechnet. <

>Als kleiner Junge wurde mir bei Hochzeiten immer wieder gesagt: „Du bist der Nächste“ und alle lachten, nur ich nicht. Ich sage nun auf Beerdigungen: „Du bist der Nächste“ und bin der Einzige, der lacht. <

>Ein Mann, ganz in weiß, fragt den auf der Intensivstation liegenden Patienten: Wie groß sind Sie? – Der Patient: 1,83, Herr Doktor, das ist sehr freundlich, dass sie bei mir vorbeischauen. – Ich bin nicht der Herr Doktor, ich bin der Schreiner. <

>Kollegin zum Chef: Unsere neue Praktikantin hat ihre Jacke runterfallen lassen. Soll ich sie aufhängen? – Ja, aber es soll wie ein Unfall aussehen!<

>Wie nennt ein Kannibale einen Rollstuhlfahrer? – Essen auf Rädern.<

>Was sagt man, wenn der Koch gestorben ist? – Er hat den Löffel abgegeben. <

> Was ist ein Mann in der Salzsäure? Ein gelöstes Problem. <

>Frau kommt heulend aus der Umkleidekabine: „Sie ist zu eng!“ – Mann: „Die Hose oder die Kabine?“ – Der Tod trat sofort ein.<

Genug ist genug. Auch am 5. Januar. Nur das Altern geht weiter. Über die Tage hinweg.

Dienstag, 11. Januar 2022. Vor 50 Jahren, am 16. Januar 1972, wurde der Begriff „Fräulein“ im Innenministerium von Hans-Dietrich Genscher offiziell abgeschafft. Im gesellschaftlichen Alltag in der Bundesrepublik Deutschland sprach man aber in den Jahren danach immer wieder vom „Fräulein vom Amt“ oder vom „Frollein“ im Restaurant. Auch Liselotte Pulver tanzte im Film „Eins, zwei, drei“ auf dem Tisch als „Fräulein Ingeborg“.

Mittlerweile ist diese Anrede für unverheiratete Frauen „veraltet“. Unverheiratete Frauen wollten keine „Fräuleins“ mehr sein. Es gab auch keine „Herrlein“. Auch in der damals „sogenannten DDR“ wurde das „Fräulein“ immer seltener.

Dabei wusste man, dass „Fräulein“ noch zu Goethes Zeiten den höheren Ständen vorbehalten war. Im Kaiserreich und auch später, stand im Klassenzimmer an der Tafel ein „Fräulein“. Es gab das sogenannte Lehrerinnenzölibat. Mit der Hochzeit war es für diese Frauen vorbei mit dem Beruf.

Erst seit 1977 brauchten Frauen in der Bundesrepublik nicht mehr die Genehmigung ihres Mannes, wenn sie arbeiten wollten. Auch wenn damals einzelne Frauen bewusst unverheiratet blieben, um unabhängig von den Männern zu sein, und gerne und stolz die Anrede „Fräulein“ hörten, setzte sich die Anrede „Frau“ durch. Heute noch wird über die Notwendigkeit und die richtige Form eines Begriffs für alle Geschlechter gestritten. Inzwischen haben die Wissenschaftler festgestellt, dass es mehr als zwei Geschlechter gibt. Wie viele? Darüber sind sie sich noch nicht einig. Auf jeden Fall ist der Kampf um Gleichberechtigung noch lange nicht vorbei.

Wird 50 Jahre nach dem Aussterben des Fräuleins mit dem „Gendern“ ein weiterer Sieg feministischer Sprachpolitik erreicht? Ist die verschriftlichte Sichtbarkeit von Frauen und Diversen mit dem Term

„Lehrer*innen" wirklich ein wichtiger Schritt zu mehr Gleichberechtigung? Mag sein.

Aber Gleichberechtigung umfasst vermutlich viel mehr als Sprache. Diese kann aber die gesellschaftliche Entwicklung zum Ausdruck bringen. Nicht?

Aber ich gehe jetzt in die Küche und bereite das Mittagessen für meine Frau und mich vor. Wenn sie dann von der Arbeit nach Hause kommt, kann sie an den Esstisch sitzen und zusammen mit mir schwäbische Spätzle mit viel Hackfleisch- und Karotten-Soße (mit sehr scharfen Peperoni und Ingwer) und einem großen Topf „Gemischten Salat" genießen. Nachtisch gibt es keinen. Nur einen doppelten Espresso. Schließlich wollen wir zusammen in diesen Wochen ein paar Pfunde loswerden. Die Hosen und manch anderes sollten bald wieder passen und nicht mehr kneifen und zwicken.

Mittwoch, 12. Januar 2022. Pessimisten – oder sind es die Realisten? – können das Altern als langsames, dahinsiechendes Scheitern des Lebens beschreiben. Freundlicher ist es, von der Reifung zum Kinde zu sprechen. Das heißt immer weniger selbst können, immer abhängiger werden, vieles nicht mehr können und haben.

Dagegen werden der menschlichen Reife andere Merkmale zugeordnet: Ein reifer Mensch kümmert sich in einem gesunden Maß um das Wohlergehen anderer. Er ist voller Fürsorge und geht achtsam mit den Gefühlen und Bedürfnissen anderer Menschen um. Reife sei eben eine Haltung, eine Verfassung.

Die Bilder unserer Sprache zeigen auch natürliche Entwicklungen auf, die nicht unbedingt so gedacht werden wollen: Ein Obst wird reif und überreif bis es fault. Da schauen wir lieber nach der Frau und dem Mann. Wann altert ein Mann? Wie? Wie altert eine Frau? Wie? Und was hat das mit dem Scheitern zu tun?

Scheitern? Misserfolg haben? Beim Altern?

Wenn Wunschvorstellungen nicht befriedigt werden können?

Nicht (mehr) weiterkommen, straucheln, versagen? Wenn immer wieder was schiefgeht? Der aufwendig vorbereitete Sonntagsbraten missrät?

Wenn Mann oder Frau bei Belastung zusammenbrechen? Eine Pleite oder einen Reinfall erleben? Sich vom Pech verfolgt, so glücklos sehen?

Oder gibt es ein Altern, das fern von diesem Scheitern ist? Wo nicht der Zusammenbruch, das Missgeschick, der Fehlschlag am Ende des Tages und des Weges steht? Wo sich in diesen gemütsbedrückenden Erfahrungen immer wieder neue Chancen ergeben?

Heißt Altern sehen, was gelingt, was man (wieder mal) bezwingt? Zurechtkommen mit dem, was mit einem geschieht? Triumphieren beim Gelingen? Eigenes und das Glück der anderen zu sehen? Zufrieden sein? Gelingt Altern mit einem Ja zum Leben?

Wie erlebt man Scheitern, um daraus sein Glück zu finden?

Donnerstag, 13. Januar 2022. Heute hole ich meinen neuen Personalausweis ab. Im Bezirksrathaus in Plieningen. Von der Wohnung sind es durch ein kleines Waldstückle über nun abgeerntete Felder und ein paar Wiesen und entlang einer Dorfstraße etwas über 4000 Schritte. Letztes Jahr, kurz vor dem Weihnachtsfest, am 20.12.2021, stellte ich einen Antrag auf einen neuen „Perso", wie die Abkürzungsfreunde zu diesem Dokument sagen. Da durfte ich mit der Unterseite der Fingerkuppen von Daumen und Zeigefinger (der beiden Hände) auf Glas legen. Die Fingerabdrücke wurden zusammen mit dem Lichtbild in einem Chip im „Perso" festgehalten. Ich bin gespannt, wer sich in den nächsten zehn Jahren für diese Informationen im „Perso" interessiert.

Meinen alten „Perso" darf ich heute abgeben. Was wohl die Fräuleins (aber Hoppla: die Damen!), es waren insgesamt drei gestandene Frauen im Bürgerbüro, mit den alten „Perso" machen? Ich habe vergessen zu fragen. Höchstwahrscheinlich wird mein alter Personalausweis (gültig noch bis zum Herbst 2022) nicht an Asylsuchende oder ähnlich Bedürftige verschenkt oder ausgeliehen. Auch zur Trophäensammlung wird er nicht taugen. Das „Bildle" im „alten Perso" zeigt natürlich keinen schon dreiundsiebzig Jahre alten Mann. Aber so richtig jung und knackig sieht der auf dem Bild eben auch nicht mehr aus.

Auch beim Rückweg sind es wie beim Hinweg ein wenig mehr als 4000 Schritte. Inzwischen hat sich der Nebel verzogen und die Sonne scheint am blauen, wolkenlosen Wintertag. Kein Schnee erhellt die Gegend. Es ist kalt und trocken. Und ich habe einen Online-Ausweis dabei. In einer Broschüre wird versprochen: „Ihr Ausweis für die digitale Welt.“ Dazu kann ich in nächster Zeit all die Daten reinpflegen, die sich später mit einem Lesegerät auf ein Formular übertragen lassen. Oder eben nicht. Moderne Welt.

Mein neuer Ausweis ist zehn Jahre gültig. Bis Ende 2031!

Wie lange lebt der Ausweisbesitzer noch? Kann er im Jahre 2031 einen neuen „Perso“ beantragen? Fragt mich einer, es weiß keiner.

Freitag, 14. Januar 2022. Nichts auslassen, nichts vergessen, nichts verschweigen. Schreiben heißt: das Banale, das Nebensächliche das anscheinend Unbedeutende aufzuschreiben. Darin finden sich die Leserinnen und Leser wieder. Oder ihren ungeliebten Nachbarn. Sei’s drum.

Bei uns klingelt an vielen Tagen der Wecker. An allen Tagen, an denen Ursula zum Arbeiten fährt. Erst mit dem Lift nach unten, dann nach dem kleinen Fußweg ab der Haltestelle mit dem Bus zur Stadtbahnhaltestelle in Degerloch. Wenn sie die Stadtbahn nach ungefähr zwanzig Minuten an der Haltestelle Hauptbahnhof verlässt, geht sie noch eine Viertelstunde zu Fuß zu einem hässlichen, unpraktischen Gebäude. Dort, im dritten Stock, steht ihr Bürostuhl vor dem Schreibtisch. Auf ihm die Tastatur und der Monitor.

So ein Tag ist auch heute. An einem solchen Tag beginnt schon ein paar Minuten vor sechs Uhr in der Früh unsere Konversation mit: „Der Wecker klingelt“. Nach kurzem Bussi und tiefem Luftholen stehen wir auf. Das Tagwerk beginnt. Sie duscht und macht sich ausgehfertig. Liftet ins Erdgeschoss, nimmt die Tageszeitung aus dem Postfach und liftet wieder in den siebten Stock. Bis sie wieder da ist, habe ich im Morgenmantel ein kleines Frühstück und ihr Vesper vorbereitet. Einen mit Chilischoten, Kurkuma und Muskatnuss gewürzten Gemüse-Zitronen-Saft und einen großen Cappuccino. Zum Vormittagsvesper nimmt sie Karotte, Kohlrabi, Nüsse, Beeren oder einen Apfel mit. Auch anderes Obst.

Nun hat sie – nicht erst seit Corona – an einem Arbeitstag in der Woche ihren Dienst-Laptop im Arbeitszimmer und macht – nein, keine Heimarbeit – sie hat (merke: Sie hat. Nicht: Sie macht!) Homeoffice. An diesem einen Tag in der Woche können wir am Morgen ein paar Minuten länger im Bett bleiben. An solchen Tagen heißt es dann so gegen sieben Uhr am Morgen: „Homeoffice – nicht Urlaub“ und wir stehen auf, ein etwas reichhaltigeres Frühstück wird gerichtet und Ursulas Homeoffice beginnt.

Und dann gibt es Tage, wie Samstage, Sonntage und Feiertage. Und da klingelt kein Wecker. Da wachen wir auf und es ist vor oder schon ein paar Minuten nach sieben. Da werden die Körper gestreckt, gedehnt. Und … und … und … Es wird hier keine Dokumentation ausgebreitet, welche diese wunderbare Zeit entblößt (!). Die Aktionen in dieser sinn- und lustvollen Zeit am Morgen darf eines der nicht wenigen Geheimnisse der Eheleute sein. Egal, ob sie sich diese Aktionen irgendwann und irgendwo noch gönnen.

Da vertraue ich dem Einfallsreichtum der Leserinnen und Leser. Sie werden fantasievoll und individuell in prächtigen Farben und Formen ihre Vorstellungen und Wünsche dazu ausmalen.

Montag, 17. Januar 2022. Sonnenaufgang: 8:09, Sonnenuntergang: 16:59 Uhr. Wenn die Wolken nicht wären, hätten wir hier auf den Filderhöhen bei Stuttgart fast neun Stunden – genau zehn Minuten weniger: acht Stunden und 50 Minuten! – die Sonne am Himmel. Über den Wolken, da scheint die Sonne und die Freiheit wird da oben wohl grenzenlos sein, wie der Liedermacher Reinhard Mey schon vor vielen Jahren (1964) feststellte und sang.

Mein heutiger Spaziergang nach Plieningen hat einen Versorgungsgrund. Die Kardiologische Praxis in der Tübinger Straße unten im Kessel hat mir das Rezept geschickt.

Jeden Tag geht – oftmals aber nur über den Wolken – die Sonne auf und alle hundert Tage benötige ich ein Rezept für Medikamente, zusammengestellt von meinem ehemaligen Hausarzt in Reutlingen und der Kardiologischen Gemeinschaftspraxis in der Tübinger Straße. Inzwischen darf ich aufgrund der Rezeptierung der „Herren in Weiß" fünf Tabletten einwerfen, runterschlucken, unzerkaut in Flüssigkeit. Auch ohne. Sie sollen neben der täglichen Bewegung mithelfen, dass Herz und Kreislauf ihren Dienst am Manne tun. Am Manne, auch wenn der Manfred heißt!

Auch wenn ich nichts Genaueres weiß über Wirkung, Nebenwirkung, Garantie und Rückgabemöglichkeiten, hier die Drogen mit den Bezeichnungen des „Wirkstoffes" mit dem aktuellen Preis für je 100 Tabletten.

Rosuvastatin 20 mg, 22,94 Euro = pro Tag: 0,23
Lisinopril 20 mg, 16,84 Euro = pro Tag: 0,17
Amplodipin 5 mg, 12,52 Euro = pro Tag: 0,13
ASS 100 mg, 2,87 Euro = pro Tag: 0,03
Ezetimib 10 mg, 30,46 Euro = pro Tag: 0,30

Summasumarum: 85,63 Euro = pro Tag: 0,86

Die Pillen wirken, richten keinen Schaden an, der bemerkbar wäre. Ich steh jeden Tag auf und mache das Frühstück für Ursula und mich.

Heut' habe ich auch den Zahngesundheitstag. Die halbjährlich fällige medizinische Zahnreinigung. Überrascht war ich, dass dieses Mal die Zahnärztin selbst aktiv war. Gründlich, schnell und für mich ohne Schmerzen. Wunderbar. Die Zahnärztin. Für ihr Bemühen schickt sie mir eine Honorarrechnung.

Dienstag, 18. Januar 2022. Eigentlich wollte ich heute wieder über das Wetter schreiben. Vom Sonnenaufgang und den fliehenden Wolken, dem nicht vorhandenen Schnee in der Stuttgarter Gegend und dem Kunstschnee auf dem Feldberg und anderen Skigebieten. Eigentlich. Aber die Pandemie fordert Aufmerksamkeit. Corona – nicht zu verwechseln mit Korona = Heiligenschein oder auch Strahlenkranz der Sonne – kommt in einer besonderen Abart daher: „Omikron". In der Tageszeitung, im Radio und Fernsehen, überall wird dieses OMIKRON besonders und ausufernd dargestellt. Dazu werden Statistiken, Schaubilder für Erklärungen präsentiert. Seit Neuestem gibt es statt einer weiteren Welle eine „Omikron-Wand". Nein, keine Wand wie die Klagemauer in Jerusalem, auch keine „Monitorwand" mit zwölf Ratekategorien wie beim Quiz „Wer weiß denn so was?", auch kein senkrechtes Bauteil, dessen Ausdehnung in der Länge und Höhe einen Raum begrenzt. Keine Fläche, die tapeziert werden kann. Auch keine, die zum Klettern einlädt. Die Omikron-Wand ist laut Zeitungsbericht eine Wand, vor der die Schulen stehen.

Diese Wand steht da und wird für Schulen und sonst auch ein Problem. Nicht einfach zu lösen. Das Problem. Viele Lehrkräfte und Schüler können nicht mehr regelmäßig zur Schule kommen. Präsens-Unterricht (also Unterricht in Räumen, begrenzt von Wänden) ist nicht mehr für alle möglich. Der in dieser Zeit entdeckte Fernunterricht ist nur für einige Schülerinnen und Schüler eine gute Alternative. Sicher sind Menschen mit autistischen Zügen da nicht so benachteiligt. Die anderen mehr.

Die Omikron-Wand ist schuld und das Omikron-Virus ist anscheinend nicht ganz so heftig krankmachend wie die Deltaform und sonstige frühere Formen. Wir leben nun „geboostert“ und „bemasked“ mit Abstand (und Anstand, ohne Aufstand) in der Schlange vor der Ladenkasse im Supermarkt. Und stehen vor der Wand.

Inzwischen werden auch alle möglichen Themen „geboostert“ und der Spaziergang, nicht unbedingt der Osterspaziergang von Goethes Faust, wurde von Coronaleugnern gekapert und instrumentalisiert, um das Versammlungsrecht auszuhebeln. Das freut die Rechtsanwälte: wieder ein Feld, aber leider keine Wand zum Geldverdienen. Und es wird behauptet, dass dieser Omikron-Tsunami die Intensivstationen an den Krankenhäusern nicht besonders belastet. Auch könnte man die Quarantäne-Maßnahmen deshalb beenden. Fertig. Chaos? Oder Ablenkungsmanöver?

Da steht sie. Die „Omikron-Wand“. Wer trägt sie ab?

Trotz oder zum Trotz der Wand besucht die Deutsche Außenministerin die Ukraine und fährt anschließend nach Moskau. Putin hat sein Militär an der Grenze zur Ukraine platziert, Manöver mit dem Belarus-Militär werden abgehalten und die Außenministerin Baerbock spricht in Moskau.

Ein Überraschungsfeldzug des russischen Militärs in den Osten der Ukraine würde keinen mehr überraschen. Dort steht keine Wand. Kein Wall und keine Omikron-Wand. Auch ist kein Omikron-Tsunami unterwegs. Alles ist viele Kilometer weit weg von Deutschland. Vom Problem der Omikron-Wand in den Schulen. Diplomatie soll dafür sorgen, dass es zwischen der Ukraine und Russland keine kriegerische Auseinandersetzung gibt. Ob's gelingt? Ohne Mauern, ohne Wände? Ohne Tsunami? Verwirrung! Fakten. Sprache. Was jetzt? Und was? Altwerden?

Mittwoch, 19. Januar 2022. Fast zwei Jahre waren das (Hallen-) Schwimmbad im 21. Stock im Wohnblock 52-62 und die kleine Sauna daneben geschlossen. Mitte Januar 2022 werden die Corona-Regeln gelockert und so können Bewohnerinnen der Asemwald-Wohnanlage und andere sich online anmelden, sich bis zu zwei Stunden in der Sauna und im Hallenbad mit jeweils insgesamt vier Personen aufzuhalten. Von der Sauna geht es zur Freiterrasse mit dem Blick zum Fernsehturm und nach Degerloch. Eine weitere Freiterrasse kann vom Bad und von der Sauna betreten werden. Von ihr sieht man zum Manfred-Rommel-Flughafen und zur Schwäbischen Alb. Am hinteren Ende ist ein Sichtschutz angebracht, dahinter halten sich die „Nackten“ auf. Ein Schild weist darauf hin.

Wir haben uns angemeldet: Sauna 16:00 bis 18:00 Uhr.

Wegen noch nicht behobenen Wasserschadens können wir die Saunaduschen nicht benützen und müssen mit den Duschen des Hallenbades vorliebnehmen. Diese sind im 20. Stock, auf gleicher Höhe wie das daneben liegende „Bella Vista“ (ein fast italienisches Lokal).

Möbliert sind die Umkleidekabinen und die Raumaufteilung im Saunabereich im Stile der siebziger Jahre des vorherigen Jahrhunderts.

Mit uns sind weitere Personen anwesend. Die genaue Anzahl kann nicht festgestellt werden, aber im Schwitzraum sind wir nie mehr als vier gleichzeitig. Unten beim Eingang sitzen zwei Männer und drei Frauen am kleinen Schanktisch vor einer Schorle, einem Riesling oder einem Trollinger und zwei Weißbier. Sie sind schon ausgeschwitzt und bereiten sich auf den Heimweg vor. Allesamt sind es ältere Menschen, manch eine hat ihren Krankenstock dabei, der Rollator steht – so ist zu vermuten – im Erdgeschoss. Dorthin kommen die Saunabesucher mit einem Lift, der ohne Zwischenhalt von der Restaurant- und Bade-Ebene im 20. Stock bis zum Erdgeschoss fährt.

Eine Brezel, eine Schwäbische Brezel, kostet nun im Bäckereifachgeschäft schon seit ein paar Wochen 85 Cent. Das macht bei drei Brezeln 2,45 Euro.

Mittwoch, 26. Januar 2022. Nebel, kein Schnee hier im Asemwald und die Ahnung, dass heute Mittag am blauen Himmel die Sonne scheint. Gestern war kein Lüftchen zu spüren, die helle Sonne kämpfte gegen die frostigen Temperaturen. Auf den Wegen rund um den Asemwald schlendern, flanieren, trotten, bummeln und wandern schon etwas gealterte Mädels und Jungens, zu zweit, allein und in kleinen Gruppen umher. Der Altersdurchschnitt ist wohl eher über siebzig. Manche haben ihren Rollator, andere auch Kranken- und Walking-Stöcke dabei.

Zum Ausruhen setzen sich Wagehalsige auf eines der wenigen noch kalten Plauderbänkchen, oder, wie es hier im Schwäbischen heißt, Schwätzbänkle. Eine Idylle, ein Vorgriff auf den Osterspaziergang? Hier noch ein Anstoß zur Erinnerung. An Zeiten, als

Udo Jürgens sang: „Mit 66 Jahren da fängt das Leben an …“ Da mancher schon an die 99 dachte:

Neun
Die Neun,
Dreimal die Drei,
Neunmal die Eins.
Eine weniger als die Zehn,
Zwei mehr als die Sieben.
Alle Neune.

Neunzig
Dreimal die Drei mal zweimal die Fünf.
Zehnmal die Neun,
Zehnmal die Dreimal die Drei,
Fünf Mal die Achtzehn,
Sechsmal die Drei mal die Fünf.
Zweimal die Fünfundvierzig,
Dreimal die Dreißig,
Sechsmal die Fünfzehn.
Neunzigmal die Eins.
Zehn weniger als die Hundert;
Zehn mehr als die Achtzig.
Neunundneunzig
Dreimal die Dreiunddreißig,
Dreimal die Drei mal die Elf,
Neunmal die Elf,
Neunundneunzig Mal die Eins.
Eins weniger als die Hundert,

Zwei mehr als die Siebenundneunzig. (MB)

Damit kann man den Nebel nicht vertreiben, aber die Zeit vergeht.

Montag, 31. Januar 2022. Immer um die Jahreswende herum erfährt der Zeitungsleser, wie es mit den Verbraucherpreisen in unserem Lande steht bzw. wie diese sich verändern. Nun wurde ein paar Jahre lang kein „inflare“ (lat. aufblasen) festgestellt. Im Zeitraum vom Dezember 2020 bis zum Dezember 2021 hat die Kaufkraft des Geldes aber verloren. Ökonomen benennen diesen Verlust „Inflation“. Das meint ein sich aufblähendes Preisniveau für Waren und Dienstleistungen auf breiter Front. Im Dezember 2021 war das Preisniveau 5,3% höher als im Dezember 2020. Im Jahresmittel 2021 waren es 3,1% gegenüber dem Vorjahr.

Die Bundesbank kommentiert dazu: wenig Hoffnung auf Rückgang.

Seit der Jugend der heute über 60jährigen sind die Preise gestiegen, die Löhne auch, die erforderliche Arbeitszeit für den Erwerb der jeweiligen Produkte meist gesunken. Nur für Fahrzeuge, alkoholische Getränke und Tabakwaren, für Bus und Bahn muss man heute länger arbeiten als früher.

Eine Auswahl zur Preissteigerung (in Euro) von 1961 bis 2020:
Markenbutter, 250 Gramm: von 0,87 € zu 1,79€

Strompreis 200 Kilowattstunden: 32,36 € zu 67,21 €
Herrenhaarschnitt: 1,00 € zu 24,30 €
Schweinekotelett 1 Kilo: 3,50 € zu 7,00 €
Bohnenkaffee: 4,46 € zu 5,69 €
Frische Vollmilch 1l: 0,34 € zu 0,79 €
Kinoeintrittskarte: 0,84 € zu 8,35 €
Kabeljau 1 Kilo: 9,67 € zu 23,05 €
Zucker, Kilo: 0,97 € zu 0,84 €

Vielleicht trösten die Inflationsprozente anderer Länder: Aktuell soll es im Sudan eine 340%ige Inflation geben, in Venezuela gar eine 686%ige und in der Türkei ein 36%ige. Aber in der Schweiz und China nur je eine 1,5%ige und in Japan nur eine 0,8%ige.

So viel zu Prozenten und zum aufgeblähten Preisniveau.

Wen interessiert das beim Altern? Vielleicht die Kosten für ein Begräbnis? Aktuell? Heute werde ich mich mit diesem Thema nicht beschäftigen. Aber. Vielleicht? Tage? Wochen? Jahre? Bald?

Dienstag, 1. Februar 2022. Sonnenaufgang: 7 Uhr 53. Sonnenuntergang: 17 Uhr 22.

Bewölkt, Wolkenfetzen, vereinzelt blaue Himmelflächen.

Haushalt, Zeitung lesen, Aufräumen.

Um 18 Uhr: Treffen mit den Familien der Wanderkameraden in der Gaststätte Hasen in Gablenberg (Stuttgart Ost). Hinfahrt: Bus bis Degerloch, Stadtbahn bis Olgaeck, Bus nach Gablenberg.

Hier noch ein paar Zahlen, die das Umfeld im Asemwald beschreiben: Im Jahre 1973 lebten im Asemwald ca. 4500 Personen, heute sind es nur noch 1560. Einst war der Anteil der unter 10jährigen 13%. Der Anteil der über 70jährigen nur 5%.

16 Prozent der heutigen Asemwälder leben bereits seit 1981 oder länger in der Wohnstadt. Die damaligen 30- bis 35jährigen sind heute um die 80 Jahre alt.

Heute ist der Anteil der Kinder unter zehn Jahre bei knapp 10%, der Anteil der über 70jährigen mehr als 40%.

Das Durchschnittsalter ist von 36 auf 60 Jahre gestiegen.

Ich erhöhe das Durchschnittsalter mit meinen nun 73 Jahren ein wenig. Ursula dagegen senkt mit ihren 56 Jahren dieses.

Erst mit über 80 Jahren ziehen Senioren vermehrt aus dem Asemwald in ein Pflegeheim um. Viele bleiben bis zuletzt. So wie der Vorbesitzer unserer Wohnung, er wurde über 95 Jahre alt und von einer polnischen Pflegekraft gepflegt. Seit 1973 sind circa 1000 Menschen mit Wohnsitz im Asemwald verstorben.

Wir schauten bisher nicht danach, wo die Asemwälder in der Regel ihren letzten Ruheort finden. Bekannt sind uns die Degerlocher Liegenschaften(!): Waldfriedhof, Dornhaldenfriedhof und der Neue und der Alte Friedhof in Degerloch.

Den Plieninger und den Birkacher Friedhof, auch den kleinen Friedhof der Universität Hohenheim, werden wir im Laufe des Sommers aufsuchen.

Das Tennis-Sportheim mit der großen Terrasse bietet Bier, Wein, Drinks und Getränke ohne Alkohol zu allerlei Essen an. Essen, das schmeckt. Einen Mittagstisch gibts und am Abend ab 17:00 Uhr warme Speisen. Im Winter allerdings ist das Sportheim geschlossen. Die Wasserleitungen könnten platzen, die Innenräume und die Terrasse können nicht beheizt werden.

An Werktagen sieht man auf dem großen Parkplatz jede Menge Handwerkerfahrzeuge. Am frühen Morgen und auch am Abend stehen bis zu fünf kleine Autos in Reih‘ und Glied vor den Häusern. Junge Frauen steigen aus und eilen mit ihren Laptops zu den Patienten in die 20 Stockwerk hohen Gebäude. Warum ist mir diese Erwähnung hier so wichtig?

Mittwoch, 2. Februar 2022. Sonnenaufgang: 7 Uhr 52. Sonnenuntergang: 17 Uhr 24.

Gestern waren wir im „Hasen“ in der Gablenberger Hauptstraße mit den Kumpels und ihren Frauen.

Man kann es auch umgekehrt ausdrücken: Ursula, Irene, Jutta und Irene waren mit Reinhard, Wolfgang, Robert und Manfred da. Dinieren. Im Wesentlichen „Steak aller Art“ mit Brot, Bratkartoffeln und Salat zu Bier und Wein. Die schwäbische Wirtschaft war proppenvoll. Die Geräuschkulisse tat den Ohren weh. Viel Gelächter und Geschrei. Alle waren überprüft geimpft.

Heute Morgen erblickte ich auf meiner Corona-Warn-App eine leuchtend rote Kachel: Begegnung mit erhöhtem Risiko am 30.01.2022. Wie kam das zustande? An diesem Sonntag wanderten Ursula und ich ohne näheren Kontakt mit anderen Menschen. Auf Ursulas Warn-App leuchtet keine Kachel, und wir beide haben keine Symptome. Wieder mal eine Warnung zum Vergessen.

Heute lesen wir in der Tageszeitung, dass die deutsche Sprachgemeinschaft „boostern“ zum Anglizismus des Jahres 2021 gewählt hat. „Boostern“ siegte, die zweiten Sieger waren „Cringe“ (intensives Gefühl des Fremdschämens) und „woke“ (Ein Synonym für „politisch korrekt“ oder? als „stay woke“: „bleib wach!“)

Donnerstag, 3. Februar 2022. Neben all den wichtigen Meldungen, den hinausposaunten Visionen der regierenden Frauen und Männer in den Staatsgebilden dieser Erde finden sich – so wie heute – immer wieder Abschnitte in Kommentaren und kleine

Berichte über neue Formen der Diskriminierung und der Intoleranz. Dabei geht es nicht um die Aufarbeitung der Missbrauchsfälle unter den katholischen Würdenträgern. Nicht um das Outing der sich als hetero/divers/homo bezeichnender Kirchenmitglieder. Nicht um die Vormachtstellung hinsichtlich der Gebietshoheit in den verschiedenen Staaten Europas. Auch wenn der Konflikt um die Selbstbestimmung der Ukraine mit Denkverboten, mit militärischen Drohgebärden und unversöhnlichen Beschuldigungen und Anspruchsgebärden betrieben wird. Es wird von Tag zu Tag schwieriger, eine Lösung zu finden, mit der jede Seite ihr Gesicht nicht verliert. Bei diesem Droharsenal wird es nur Verlierer geben.

Dieser Konflikt passt aber zum Zeitgeist 2021/2022. Täglich werden in allen Bereichen des Miteinanders Denkverbote installiert. Merksteine der Intoleranz. Die allgemeine Meinungsfreiheit wird zum Drahtseilakt.

Auch in privaten Gesprächen, aber vielmehr in offiziellen Reden und Diskussionen sorgen bestimmte Diskreditierungsvokabeln für Ordnung und dienen dazu, Denkverbote durchzusetzen. „Rassistisch“, „sexistisch“ oder „anschlussfähig an rechte Diskurse“ sind dazu geeignete Vokabeln. Zuweilen werden bei öffentlichen Diskussionen dic Teilnehmer gewarnt. Wer unangemessene Begriffe verwende, werde aus der Diskussion hinausgeworfen.

„Formelle oder informelle Vorgaben der Political Correctness“ lähmen nicht nur die Wissenschaftsarbeit, sie entzweien oder verhindern auch ein gemeinsames Suchen von Lösungen mit gegenseitigem Respekt.

Wir kennen die Vokabel „Neger“. Der Bürgermeister von Tübingen benützte diese in einer seiner Posts. Das daraus entstandene Scharmützel schlug hohe Wellen.

Die neuerdings nicht mehr angesagten Kinderlieder: „Zehn kleine Negerlein …“ und „Drei Chinesen spielten Kontrabass …“ hört man nicht mehr. Oder darf man nicht mehr singen.

Nur noch in Spelunken hört man das alte Lied, einst gesungen von Hans Albers: „Schwarz wie Kohle, vom Scheitel bis zur Sohle, das ist der Neger Jim, seine schneeweiße Weste …“, zur späten Stunde. Über viele Jahre hinweg begleitete es uns bei unseren Wandertagen in unserer Heimat. Und jetzt muss gesummt werden.

Ich frage mich nun, sind „Fischkopp“, „Schwäble“, „Russ“, „Indianer“, „Zigeuner“ und „alter weißer Mann“ wirklich nur herabsetzend, verachtend oder doch auch Zeichen der Freundlichkeit, anerkennender Solidarität und Toleranz? Wie wir es meinten? Mein Freund! Mag sein, dass das alles keine Rolle mehr spielt, wenn man erst dieser Welt Adieu gesagt hat. Dazu gezwungen wurde.

Unbarmherzig oder auch barmherzig.

Was macht das mit uns Schreiberlingen? Diese Enge? Dieser Druck? Diese Fessel? Diese Knebel? Diese Scheidung: Guter Name – schlechter Name?

Spüren wir da die Schmerzen der Dichter im Traum? Weinen wir mit ihnen die schönsten Tränen, brodelt es im Herzensgrunde? Ergreifend, zerreißend und erhebend gedrängt zum Freisein von den Schmerzen der Enge?

Wissen wir, dass in unseren Gedanken mehr Wirklichkeit ist als in den Dingen, die wir sehen? Und wie ist es mit dem Wort, das man nicht mehr sagen soll, aber das immer in Gedanken dabei ist?

Worte werden getoppt: zwei schöne, rote Lippen – auch wenn sie schweigen – sind mehr wert als alle Beredsamkeit der Welt. Da kann man denken, was man will!

Freitag, 4. Februar 2022. Heute konnte man die Eröffnungszeremonie zur Winterolympiade in Beijing / China im Fernsehen anschauen. Diese Spiele dauern bis zum 20. Februar 2022.

Fast alle Wettbewerbe werden übertragen und die Kommentare der Sportjournalisten und die Interviews sind ständiges Beiprogramm. Auffallend ist, wie zu diesen Spielen die olympische Idee vom Waffenstillstand der Völker untereinander erwähnt wird. Die deutschen Kommentatoren appellieren an Putin, er möge doch diese olympische Idee auch im Hinblick auf die Ukraine umsetzen. Russland –

China – Katar, sind in den ersten Jahrzehnten des 21. Jahrhunderts die Orte, wo sich Sportler aus aller Welt messen, gemeinsam feiern und miteinander sprechen können. In diesen Ländern finden wir keine demokratischen Strukturen, aber dort sind Großsportereignisse möglich. Mit viel Geld und klimaschädlichem Bauen und strenger Organisation.

Wahrscheinlich deshalb, weil anderenorts die Bevölkerung gegen die Durchführung der Olympiade, auch der Fußballweltmeisterschaft in ihren Ländern stimmte.

Sonntag, 6. Februar 2022. Im Laufe eines langen Lebens sagt man öfters „Glück". „Gehabt". Wir kennen kluge Sätze, die „Glück" und „glücklich sein" erklären wollen. Märchen erklären das wahre Glück. Hans im Glück.

Mit Sprüchen kann getröstet oder geschummelt werden. „Dem Glücklichen schlägt keine Stunde". „Glücklich ist, wer vergisst".

Beim Altern in diesen Tagen erinnere ich mich an Situationen, Begegnungen, Zustände und Vorgänge, die Spuren und ganze Wagenladungen von Glück bedeuteten. Auch für die Zukunft wünschen wir als Alternde nicht nur alles Gute und Gesundheit, auch viel Glück. Nicht nur dem Nachbarn, sondern auch wir selbst sind gerne im Glück.

Keine und keiner von uns ist nur im Glück älter geworden. Und doch ist es für viele ein Glück, alt zu werden. Nicht eine – und nicht einer – wird in naher und ferner Zukunft als Glückskeks alle Tage und Nächte verbringen. Beim Altern darf aber das Thema Glück nicht fehlen.

Unterschieden wird: Glück ist einmal ein momentaner, stark emotionaler und zum anderen ein dauerhafter Zustand, der auch Zufriedenheit genannt wird und verschiedene Lebensbereiche betreffen kann. Da vergleichen wir, wie leben die anderen? Fragen aber auch: Wie stelle ich mir mein ideales Leben vor?

Um eine hohe Lebenszufriedenheit zu erreichen, bedarf es vieler kleiner Dinge, vielleicht auch des „kleinen großen Glücks".

Drei Säulen bestimmen unser Glück: „Haben" – „Lieben" – „Sein". Wobei „Haben" die materiellen Dinge umfasst, wie das Einkommen und der erworbene Besitz. „Lieben" beinhaltet unsere ganzen Sozialbeziehungen in der engeren Umgebung und auch in der gesellschaftlichen Dimension. „Sein" stellt Fragen: Was tun wir im Leben, was stellen wir dar? Werden wir wertgeschätzt? Leben wir bestimmte Werte? Entwickeln wir Interessen?

Zum Weiterdenken: Mit mehr Geld haben wir einen größeren Freiheitsspielraum und mehr Sicherheit. Ein Millionär aber, der sich einsam fühlt, wird auf der Lebenszufriedenheitsskala nicht die Zehn ankreuzen. Trotz seines Geldes fehlt ihm etwas. Es sei denn, er ist Autist der besonderen Art.

Auch wenn wir nur noch passiv wären, zu Hause vor dem Fernseher sitzen, kein Engagement zeigen, jeden Tag vorübergehen lassen, wenn wir keine Anerkennung, auch keinerlei Forderung durch unsere Mitmenschen erfahren, dann fehlt uns nicht nur ein kleines Mosaiksteinchen zur Lebenszufriedenheit. Zum Glück.

Was hat das mit dem Altern in diesen Tagen zu tun? Finden wir dazu die passenden Antworten?

Schaffen wir es, mit unseren wirtschaftlichen Möglichkeiten unsere Sozialkontakte zu pflegen und bei all den Anforderungen der Leistungsgesellschaft Inseln der Anerkennung im privaten, familiären, nachbarlichen Umfeld mitzugestalten?

Wer hilft? Was bringt es? Was kommt? Was geht? Was gibt es? Warum? Wieso? Woran? In den Zeiten, in denen wir altern?

Montag, 7. Februar 2022. Heute Nacht hat es in Stuttgart gestürmt. Es war zeitweise so laut, dass Ursula und ich aufwachten. Jetzt, am Morgen, scheint die Sonne. Die Felder sind mit einer hauchdünnen Schneedecke überzogen. Aber rundum – vor allem über der Schwäbischen Alb – sind noch dicke Schneewolken am Himmel.

Die Sonne geht laut Tageszeitung um 7 Uhr und 44 Minuten auf, um 17 Uhr und 32 Minuten wird sie untergehen. Das sind wohl exakt berechnete, fundierte Informationen, die wir beim

Zeitungslesen erfahren. Kein Fake? Und wenn? Dann ist das auch egal.

Meldungen, widersprüchliche Meldungen zum Konflikt Russland/Ukraine und auch zur Covid-Pandemie, den Regeln, den Aussichten zur Lockerung sind – wie an jedem Tag – in der Tageszeitung und auch in deren online-Ausgaben ausführlich und dramatisch aufgemacht.

Zu ertragen ist das nur, wenn man bedenkt: Beim Zeitungslesen erfährt man nicht, was in der Welt geschieht oder nicht geschieht. Man erfährt nur das, was in der Zeitung geschrieben steht.

Wenn auch unsere Zukunft auf dieser Welt nicht annähernd so lange dauern wird, wie unsere persönliche Vergangenheit gedauert hat, so ist auch sie nur zu gestalten, auszufüllen mit unseren persönlichen Fertig-, Fähigkeiten und Erfahrungen. Erinnerungen sind Basis und Antrieb. Zukunft kann nur von denen mitgestaltet werden, die ihrer Vergangenheit bewusst sind. Ein Wort, das uns im „Altern in diesen Tagen“ begleitet.

Heute gab es eine Eilmeldung von den Olympischen Spielen: Denise Herrmann holte Gold im Biathlon. Auch wenn wir Denise nicht persönlich kennen, wir freuen uns mit ihr. Und gut ist das!

Dienstag, 9. Februar 2022. Sonnenaufgang um 7.41 Uhr. Untergang um 17.35 Uhr. Heute muss es wieder sein: ein Foto vom Balkon aus. Aufgang der

Sonne über der Schwäbischen Alb mit den rot-gelben Wolken. Wir haben die Aufnahmen mit diesem Motiv nicht gezählt, auch haben wir keine Papierbilder davon gemacht. Unzählige gespeichert. Immer noch lockt die aufgehende Sonne unser Denken und unsere Seele ins Freie, ins weite Land.

Schon um 6.20 Uhr habe ich mich gewogen, nackt, wie ich geschaffen und alt wurde: 75,8 Kg. Seit Anfang Januar versuchen Ursula und ich, Pfunde zu verlieren. Ein Unterfangen, das dieses Mal aufgrund ausdauernder Einschränkungen Erfolg verspricht. Schließlich waren es zur Weihnachtszeit 2021 über 80 kg, die ich mit mir herumschleppte. Voila, noch a bissle und dann ist es gut. Die Blutwerte kontrolliere ich regelmäßig: 135 – 70 – 42. Puls ist niedrig.

Wir widmen uns der Sprache, schauen und hören, was da Neues gibt. Die aktuelle Pandemie-Krisenzeit scheint die Fantasie anzuregen. Neue Wörter sind entstanden und wurden vielfach in die Alltagssprache aufgenommen. Der „Corona-Gruß" bezeichnet das freundliche Anstupsen mit der „Ghettofaust" oder auch das etwas aufwendigere „Ellbogen-zu-Ellbogen-Berühren". Manche deuten „Namaste" an, den Gruß der Tibeter: die Handflächen gegeneinander vor der Brust mit einer kleinen Verbeugung des Oberkörpers mit einem Lächeln.

Die „Einkaufswagenpflicht" regelt in den Supermärkten, dass nur eine bestimmte Anzahl von

Einkäuferinnen sich im Laden aufhalten. Der „Maulkorb“ meint nicht nur die Mund-Nasen-Bedeckung. Die Schimpfwörter „Aluhut“ und „Covidiot“ diskriminieren.

Schimpfwörter sind oft Gradmesser des Miteinanders. Manchmal auch Zeichen des kreativen Denkens. So ist „Scheiße“ ein Klassiker unter den heutigen Flüchen, vielleicht auch der beliebteste. Häufig hört man auch Trottel, Arschloch, Idiot. Diese haben weniger kreativen Ursprung. Da hört sich schon freundlicher an: „Schleich di, geh scheißen“, oder „verpiss dich“. Auch die hinterhältige Frage amüsiert, „bist du deppert?“.

Auch das zeichnet einen aus: „Du bist dem Depp sein Spion.“

Während in katholischen Gegenden mehr mit Gotteslästerungen, mit „Sakra“ und anderen heiligen Worten geflucht wird, herrscht in protestantischen Gegenden eine fäkal-anale Schimpfkultur, die zum Fluchen herhalten muss. Die unterschiedliche Schimpfkultur kann in der heutigen Zeit nicht mehr eindeutig einer Gegend zugeordnet werden. Und wo, wie und wem ordnen wir den Ausspruch zu: „Scheiße, ist das gut!“?

Auf den Unterschied der Geschlechter soll noch hingewiesen werden. Das männliche unbeherrschte Donnerwetter wurde früher bei einer Frau im selben Erregungszustand zu einem schüchternen „Donnerle“. Dabei haben alle Schülergenerationen einmal das Gedicht interpretiert „… da werden Weiber zu Hyänen." Und wenn in der heutigen Zeit auch mehr Geschlechter als nur Mann und Frau definiert werden, gilt: Frauen haben im Fluchen aufgeholt, sind dort sogar auf der Überholspur. Frauen nehmen ihren Mund jetzt auch voll. Endlich. Schade nur, dass dabei in Zukunft wohl nur eines herauskommen wird: viel zu viel „Scheiße". Das ist doch gar nicht nett. Das ist nur frech. So, wie es steht an dieser Stelle.

Sonntag, 20. Februar 2022. Sie sind nun auch Geschichte. Nach 16 Tagen fand die Schlussfeier der olympischen Winterspiele 2022 in Peking statt. Das Ende von umstrittenen Winterspielen, schaut man auf die Berichte in den Medien. Dazu einige Stichwörter aus den Kommentaren, die weniger den olympischen Geist beschworen als die gesellschaftlichen Umstände außerhalb der Olympiablase der Athleten: Menschenrechtsverletzungen, Verbrechen gegen die Menschlichkeit, stark eingeschränkte Meinungsfreiheit, ständige Überwachung, strengste Coronaregeln, politischer Boykott.

Die Tageszeitungen, Magazine und auch die politischen Broschüren im Westen üben sich im Übertreffen beim China-Bashing. Den Sportlern wurde in Deutschland keine Gelegenheit gegeben, sich zu messen und da ein sportliches Friedensfest zu feiern. Eine Volksbefragung verhinderte die

Winterolympiade in München. Bemerkenswerte Vorgänge nicht nur im Hinblick auf die Sieger und der Funktionäre wurden erwähnt. Als Kür-Drama für die deutschen Paarläufer Hase/Seegert wurde ihr 16. Platz mit 149,69 Punkten bezeichnet. Es war der letzte Platz in dieser Disziplin.

Dagegen trug die nunmehr fünfzigjährige Claudia Pechstein bei der Eröffnungsfeier die Fahne. Es war ihre achte Teilnahme an olympischen Spielen. Ihre olympische Karriere begann 1992 in Albertville. Sie gewann fünfmal Gold und je zweimal Silber und Bronze. Beim Massenstartrennen auf dem Eis-Oval in Peking belegte die Berlinerin den neunten Platz.

Wer die olympischen Spiele alle vier Jahre über den letzten Jahrzehnten verfolgte, stellte fest: Immer mehr auch sehr seltsame Sportarten werden olympisch. Immer mehr Wettbewerbe wurden ausgeschrieben.

Für Statistiker nun den Olympia-Medaillen-Spiegel nach 109 Entscheidungen (die ersten zehn Nationen):

LAND	Gold	Silber	Bronze
Norwegen	16	8	13
Deutschland	12	10	5
China	9	4	2
USA	8	10	7
Schweden	8	5	5
Niederlande	8	5	4

Österreich	7	7	4
Schweiz	7	2	5
Russ. Olymp. Komitee	6	12	14
Frankreich	5	7	2

Wahrscheinlich werden wir bald die Ergebnisse der Winterolympiade in Peking vom 4. Februar bis 20. Februar 2022 vergessen, zumindest verdrängt haben, weil andere Geschehnisse uns interessieren.

Dienstag, 22. Februar 2022. Heute ist der zweiundzwanzigste Tag des zweiten Monats des Jahres Zweitausendzweiundzwanzig. In Zahlen: 22.02.2022. Sechs Mal die Ziffer zwei, zwei Mal die Ziffer 0 mit unterschiedlichen Werten.

Vor einundvierzig Jahren kam Tochter Regine Anja im Tübinger Universitätskrankenhaus zur Welt. Am Abend. Ich war dabei. Es war keine leichte Geburt, ein langes Warten. Regine kämpfte sich durch und mithilfe ihrer Mutter Gabi konnte sie auch die ersten Monate auf dieser Welt meistern. Heute ist sie nach der Schulzeit und einer Lehre in Reutlingen, einem kurzen Biologiestudium in Ulm als Schneiderin und Ankleiderin beim Landestheater in Castrop-Rauxel. Dies nach Stationen am Theater in Ulm und Frankfurt. Sie kümmert sich um ihr Pferd „Humber“ und ihre Leidenschaft als ausgebildete Puppenspielerin füllen ihre Tage mit Arbeit und Freude. Auch wenn wir uns im Jahr nicht oft für ein paar Tage sehen, sind wir sehr verbunden. Moderne Kommunikationsmittel ermöglichen uns regelmäßigen Informationsaustausch.

Gerne erinnere ich mich auch an die vielen Unternehmungen, die wir in der Reutlinger Gartenstadt und auch bei den Familienurlauben und Ausflügen miteinander erleben durften. Sehr schön waren auch die gemeinsamen Urlaube beim Zelten am Staffelsee und in Ägypten beim Schnorcheln. Da hatte Regine schon ihr Abitur und ich lebte nicht mehr im Reihenhaus bei meiner ersten Frau Gabi.

Zum Winterende kriegerische Aktivitäten

Donnerstag, 24. Februar 2022. Kriegerische Auseinandersetzung in der Ukraine. Die einen sagen so, die anderen so. Die einen: Russland schickt seine Friedensgruppen in die Provinzen der Ukraine, um sein Interesse an Sicherheit gegenüber dem aggressiven Westen (wieder) herzustellen.

Die anderen: Putin macht Krieg gegen die Ukraine.

Heute ist der erste Tag der kriegerischen Auseinandersetzung unter den Bruderländern: Russland und Ukraine.

Hier im Asemwald im siebten Stock fühlt sich das unwirklich und lähmend an.

Da beschäftige ich mich erst mal mit dem, was bekannte Schriftsteller zum „Schreiben", zur „Literatur" sagen.

Wenn hier ein Text zum Alltag mit all den belanglosen, langweiligen und auch aufregenden real existierenden und nur angedachten Momenten entstehen wird, hofft der Schreiber, wenigstens einen Splitter „Literatur" zu liefern.

Der österreichische Publizist Karl Kraus (1874-1936) hat zu bedenken gegeben: „Ungewöhnliche Worte zu gebrauchen, ist eine literarische Unart. Man darf dem Publikum bloß gedankliche Schwierigkeiten in den Weg legen."

Wie soll ich dies verstehen? Kann ich die gedanklichen Schwierigkeiten mit ungewöhnlichen Worten nur als eine literarische Unart den Lesern in den Weg legen?

Der deutsche Schriftsteller Ludwig Marcuse (1894-1971) meint: „Originelle Formulierungen sind noch keine originellen Einsichten."

Eine Formulierung sichert nicht zwangsweise eine Einsicht. Ja, das ist wohl so.

Der deutsche Naturforscher und Schriftsteller Georg Christoph Lichtenberg (1742-1799) schreibt: „Das Buch ist ein Spiegel. Wenn ein Affe hineinsieht, so kann kein Apostel herausgucken."

Ja, aber halten wir mit einem Text einen Spiegel den Lesenden vor? Ein Text wird gelesen, interpretiert, bewertet oder auch nicht. Was die Lesenden da machen, ist deren eigen, aber immer interessant. Ob da je ein Bild einer Äffin oder eines Apostels entstehen kann? Wer weiß das schon? Der Schweizer Staatsrechtler Carl Hilty (1833-1909) meint: „Die Bildung kommt nicht vom Lesen, sondern vom Nachdenken über das Gelesene." Tja, das tröstet, auch ein grottenschlechter Text kann bilden! Der amerikanische Dichter Ezra Pound (1885-1972) meint: „Literatur ist Neues, das neu bleibt." Wirklich? Das alte Neue? Oder das neue Alte? Der amerikanische Erzähler Ernest Hemingway (1899-1961) tröstet mich – und alle kleinen Schreiberlinge – indem er uns beruhigt: „Ein klassisches Werk ist ein Buch, das die Menschen loben, aber nie lesen.“ Seine Bücher habe ich gerne gelesen. Mit seinen Figuren stand ich gedanklich an der Bar. Seine Bücher kann ich auch loben, obwohl ich diese nicht zu den klassischen Werken zähle.

Freitag, 25. Februar 2022. Die letzten Tage im Winter 2022. Mögen die Vorkommnisse in und um die Ukraine herum den politischen Eliten, bzw. den Leuten, die sich dafürhalten, in Ost und West, Anlass sein, gewichtige Töne und ein Säbelrasseln von sich zu geben. Normalos, also so Kerle und Mädels wie du und ich, sind weit davon entfernt, dieses Gestöhn mit den Drohungen persönlich zu nehmen.

Sind das nicht undurchschaubare Sandkastenspiele der Mächtigen in Ost und West? Untröstlich ist, dass der Einsatz bei diesen Spielen Menschenleben ist. Menschen, junge Menschen werden hinausgeschickt, kämpfen für die Spieler und sterben für sich. Menschen, die eigentlich in Frieden und Harmonie leben wollen. Ohne Kriegsgeschrei und rasselnden Mordinstrumenten.

Wir werden uns zum Ende des Winters 2021/2022 mit der Wahrheit befassen. Mit der Wahrheit, die im Herzen gepflegt wird. Mit der Dichtkunst, die Wahrheit aufdeckt, anschlägt und einfach andichtet. So.

Es sind unbestritten die lyrischen Texte, die ans Herz und an das Eingemachte gehen. Texte, die in extremer Verknappung eine hohe Dichte und Sensibilität erzeugen. Dazu ein kleiner Ausflug zu Texten, die leider nicht in irgendwelchen Literaturzeitschriften zu finden, aber in ihrer Güte hervorragend sind:

„Rosen sind rot,
Veilchen sind blau,
du bist ‘ne dumme Sau.“

Genau! Lautmalerisch sind diese Silben Spitzenklasse, exklusiv. Mit ihrer Aussage sind sie aus der untersten Schublade. Ein Dilemma? Wer weiß das schon? Und wer sagt es der Nachbarin?

Solche Texte entfalten ihre Kraft. Sorgen nicht selten für Schnappatmung, werden nicht gerne gelesen oder gehört. Vielleicht aber doch mit einem Schmunzeln im stillen Kämmerlein?

Alltagsnäher, offener und gegenwartsbezogener und leider auch für unsere sozialpolitischen Grundgegebenheiten treffender, sagt es der folgende Text:

„Wälder sind still und die Straßen sind laut,
hie und da sind Menschen, oh je, ziemlich versaut.“

Auch das kann nicht für alle gelten. Ist es nur ein Gassenhauer? Dann weg damit! Hauen ist nicht in, nicht angesagt.

Sehr persönlich wird es dann, wenn der liebe Nachbar rezitiert:

„Mit Grausen wendet sie sich da von dannen,
selbst beim Vögeln sind‘s heut nur Pannen.“

Im Frühjahr sieht es wieder anders aus. Hört es sich anders an. Mit der Wahrheit, mit dem wahren Sein.

Dann ist es mit dem Fühlen und Spüren ein anderes. Wenn im Märzen der Bauer die Rösslein anspannt, der April macht, was er will, und der Mai gekommen ist. Ja, dann wenn!

Schluss jetzt für nun. Wir glauben mal wieder an das Gute, Reine und das Wahre! Was? Wahr? Was war? Dichtkunst.

Samstag, 26. Februar 2022. Aufregend? Unmenschlich? Alles außer Rand und Band? Und dann doch wieder sehr geordnet. Immer noch ist das Böse das andere. Der Böse ist der andere. Der andere ist schuld. Wir haben keine Schuld. Schuld wird der Einfachheit halber auch personifiziert. Aber einer allein? Kann der personifizierte Böse allein so viel Unheil, so viel Elend und Not über ein Volk ausgießen? Von Russen gelenkte Panzer, Raketen, andere Mordwaffen zerstören in der für europäisch definierten „Ukraine“ Leben, Soldaten und Zivilisten. Einer gab den Befehl. Der Präsident von Russland. Der ist der böse Mann. Nur selten erfahren wir hier im Schwabenland auch die andere Seite. Die Dunkle? Warum die in Russland regierenden Männer und Frauen diese Ukraine gewaltsam entmilitarisieren und entnazifizieren wollen? Ist es wieder da? Das Denken Ost und das Denken West. Und sie konnten nicht zusammenkommen! Im Sandkasten, fernab! Zum Streiten, Drohen. Rechthaben. Ich bin rein und du bist schmutzig. Und wir schicken Soldaten!

Wir werden das Ergebnis noch mitbekommen. Oder ist es ein Prozess ohne Ende, eine manchmal heiße und manchmal kalte Auseinandersetzung? Ewiglich?

Heute ist der international gefeierte „Erzähle-ein Märchen-Tag“. Passt doch! Märchen haben eine Katastrophe. Da wird eine Hexe in den Ofen geschupst, ein Geißlein gefressen. Auch von anderen Grausamkeiten wird berichtet. Es ist zum Fürchten. Auch die fiese Stiefmutter, garstige Zwerge und das unmoralische Rumpelstilzchen können fürchterliche Träume nach sich ziehen.

Der tapfere Prinz, der gestiefelte Kater, die gerettete hilflose Maid, das unemanzipierte Schneewittchen, das Rotkäppchen und der böse Wolf symbolisieren Rollenbilder.

Oft erfahren wir in den Märchen wunderbare Wandlungen. Das hässliche Entlein wird zum schönen Schwan, das arme Aschenbrödel angelt sich trotz aller Widrigkeiten den Prinzen. Moralische Botschaften werden geflüstert. Pass auf, Menschen versprechen dir Gutes und wollen dir schaden.

Mit dem bösen Wolf wird der Bogen zum sexuellen Missbrauch gespannt. Er wird bestraft und es ist wieder gut.

Der Fischer und seine Frau zeigen eine weitere aktuelle Botschaft: Wer den Hals nicht vollkriegen kann, kann alles verlieren.

Frau Holle zeigt, wie man optimal mit seinen Nächsten, seien sie auch fremd, umgehen sollte.

„Des Kaisers neue Kleider" machen darauf aufmerksam, dass viele den Missstand, die Nacktheit gesehen, aber keiner was gesagt hat.

Das sind schöne, oft auch schaurige Geschichten, die uns die Märchen erzählen. Wir können uns darauf verlassen, dass sie gut enden werden. Eine Gewissheit, die mehr als tröstet. Trost macht stark. Wenn am Ende nicht alles gut wird, ist es kein gutes Märchen. Und auch nichts anderes.

Montag, 28. Februar 2022. Ukraine-Schlagzeile der ersten Seite in den Stuttgarter Nachrichten: Putin versetzt Atomstreitkräfte in Alarmbereitschaft.

Heute ist Rosenmontag. Im zweiten Jahr der Covid-Pandemie mit wenig öffentlichem Helau und Allaf. Wenn morgen früh die Nacht vorbei ist, dann ist der erste Tag des Frühlingsmonats erwacht. Faschingsdienstag, wer denkt da noch daran? Kehraus? Masken verbrennen oder einmotten? Diese Pandemie hat fast alle Karnevals- und Fasnets-Vergnügung und Ritualien eingemottet. In Köln dreht der Karnevalumzug seine Runden im FC-Stadion und die Jecken sitzen im halb vollen Stadionrund. Anderswo kann man mit dem Privat-Pkw in einer langen Straße an den Faschingsfiguren rechts und links vorbeifahren und die Faschingslieder mitsingen. Alles mit Maske und Impfnachweis?

Die Tageszeitung berichtet kurz: Corona verursacht im Karneval Milliardenschäden. Gastronomen, Hoteliers und Kostümverleiher beklagen sich: Die Einbußen dürften laut dem Institut der deutschen Wirtschaft (IW) bis zu 1,62 Milliarden Euro betragen. Im Schwabenland können wir bei diesen Riesensummen nur staunen. Wir wenden uns notgedrungen einem anderen Thema zu: Beziehungen. Nicht gerade den Beziehungen, welche aufgrund und mit den vergangenen Lockdowns zu einem Babyboom führten. In normalen Jahren konnte ein solcher Boom regelmäßig neun Monate nach der feuchtfröhlichen Faschingszeit festgestellt werden.

Es geht nicht um das Versagen in einer Beziehung. Aber nicht um Ablehnung, um Absagen und Verzichten. Sondern um die Unfähigkeit. Die Beziehungsunfähigkeit! Wenn es das gibt.

In einem nicht genannt werdenden Journal lesen wir eine Story: Was diese soll, weiß kein Mensch!

Die Story: Erika aus Großbottwar hat angefragt. „Mein Mann ist schwierig, hatte bis vor Kurzem eine Freundin. Das ist vorbei. Jetzt ist er nur unzufrieden und verlangt vier Mal die Woche Sex nach seinen Vorstellungen, bei denen er aber manchmal versagt, da dieser Sex nicht so mein Ding ist."

Dazu die erste Frage: Warum fragt Erika dazu öffentlich um einen Rat? Das kann so nicht beantwortet werden. Deshalb und auch, weil wir dazu keine Zeit und Laune haben. Diese Beratungsunfähigkeit hilft nicht zur Erörterung von Wegen aus der Beziehungsunfähigkeit. So. Basta!

Dafür an dieser Stelle eine Rückbesinnung auf Zeiten, die für den Schreiber interessant waren. Ob mit oder ohne Beziehungsfähigkeit. Ein bisschen oder bestimmt? Wer weiß?

Seine Beziehungsleistungen damals sind im Nachhinein nicht zu eruieren. Kaum hatte ich meinen vierzigsten Geburtstag hinter mir, im Beruf allgemein und im Besonderen anerkannt und geschätzt, da kriselte es in der Ehe. Ein bisschen mehr als sonst. Privat war ich dabei vielleicht nur ein kleiner Kotzbrocken. Überfordert, nicht achtsam, unverantwortlich, müde, weder zuversichtlich noch dankbar. Der Beginn der neunziger Jahre war privat eine Berg- und Talfahrt der Gefühle. Im Gewühle. Wie schön war es da, sich von den Aufgaben im Beruf regelrecht auffressen zu lassen.

Ohne Schuldzuweisungen zu postulieren: Wir trennten uns 1993, einundzwanzig Jahre nach der Hochzeit. Vermutlich war es nur eine ungute Entwicklung meinerseits zum Erwachsenen. Vielleicht fehlte von Beginn an ein gesundes Maß an Selbstbewusstsein. Da wurde aus der Verliebtheit im Alltag keine Liebe. Dumm gelaufen. Falsche Signale.

Gabi lebte fortan mit den zwei Töchtern im heute noch gemeinsamen Haus. Ich zog in eine Zweizimmerwohnung in einem anderen Vorort von Reutlingen. So war alles paletti. Gabi hatte in ihrem „Berater", den evangelischen Pfarrer, auch einen Freund. Dieser trennte sich von seiner Frau, nahm in einer anderen Stadt die Pfarrstelle an und Gabi konnte ihn regelmäßig besuchen, auch mit ihm zusammen Mallorca-Urlaub machen. Diese Art von Aktivitäten und die allgemeine Unzufriedenheit mit dem Bodenpersonal der Kirche veranlasste mich, aus der Kirche auszutreten.

1998 wurden Gabi und ich, wie man so schön sagt, einvernehmlich geschieden.

Bis nach der Jahrtausendwende hatte ich dann eine Lebensphase, die mancher Lebenspsychologe als pubertär oder zweiten Frühling bezeichnen wird. In meiner freien Zeit pflegte ich Kontakte und langweilte mich überhaupt nicht. Vielleicht aus verletztem Stolz versuchte ich es auf verschiedenen Unterlagen mit der Liebe, auch wenn dieses Wort in diesem Zusammenhang eigentlich hohl klingt. Von Federkernmatratzen über Latex, Schaumstoff und Rosshaar war alles dabei. Zum Wasserbett reichte es nicht. Da passierte es schon auf dem Hochflor-Teppich an der Balkontüre. Von den Isomatten, Autositzen, dem knappen Handtuch unter freiem Himmel, dem hartholzigen Jägerstand in luftiger Höhe nicht zu schwiegen.

Eine wilde Zeit. Mit allerlei Verrenkungen. Körperlichen und geistigen. Aber auch das geht vorüber.

Dieses wilde Durcheinander wurde abgelöst von schönen beruflichen Projekten, wie Theaterspiel mit Schülern und Profischauspielern und Europäische Begegnungen mit Schulen in Griechenland, Bulgarien, Polen, Lettland und der Tschechei. Und dann lernte ich meine Freundin und jetzige Gattin kennen. Neues Beginnen. Ja, das war's. Ja, das ist's! Ein echter zweiter Frühling.

Frühling – Poesie – Schlagzeilen

Dienstag, 1. März 2022. Ukraine. Schlagzeilen:

Stuttgarter Nachrichten: S. 1.: Trotz Friedensgesprächen gehen die Angriffe weiter. S. 2: Die Ukraine strebt in die EU (die EU finanziert erstmals in ihrer Geschichte Waffen).

S. 4 ein Artikel, dass die Kriegsursache auch auf ukrainischer Seite zu suchen ist.

Focus online: Russland Angriff im Newsticker: … / Heftige Explosion in Charkiw: Rakete schlägt auf Freiheitsplatz im Herzen der Stadt ein.

Konsequenzen für Altkanzler: Keine Distanz zu Putin: Vier Mitarbeiter kündigen bei Gerhard Schröder.

Satellitenbilder zeigen Putins riesigen Militärkonvoi auf dem Weg nach Kiew (64 km lang).

Münchner OB entlässt Stardirigenten Gergijew (Münchner Philharmoniker) (weil er sich nach Aufforderung nicht von Putin distanziert hat).

Spiegel Online: Kiew will Kremltruppen mit Geldgeschenken zur Aufgabe bewegen / Sechs Tage Krieg – und kein Ende in Sicht / Belarussische Truppen rücken angeblich über die Grenze vor und greifen in Kämpfe ein.

Faschingsdienstag, Kalendarischer Frühlingsanfang: 9:30 Uhr: Blauer Himmel, leichte Schleierwolken, -1 Grad.

In den Online-Nachrichtendiensten und in den Tageszeitungen überstürzen sich Meldungen vom „Ukraine-Krieg“, der nun schon fünf Tage dauert. Meist gegen den aktuellen „Kriegsverursacher Putin, Russland“. Nur selten wird darauf hingewiesen, dass schon seit über acht Jahren in dieser Region Krieg herrscht.

Zum ersten Tag im Frühlingsmonat hier ein Gedicht von Heinrich Heine. Diese Zeilen klingen leise und lieblich, drücken aus, was unsere Seele braucht.

Leise zieht durch mein Gemüt
liebliches Geläute,
Klinge, kleines Frühlingslied
Kling hinaus ins Weite
Kling hinaus bis an das Haus,
wo die Veilchen sprießen,
wenn du eine Rose schaust,
Sag, ich lass sie grüßen
Sprich zum Vöglein, das da singt,
auf dem schwanken Zweige,
und das Bächlein, das da klingt,
dass mir keines schweige!
Schalle Lied, wo’s grünt und blüht
hold im Augenscheine,
wieg‘ in süßem Schlummer dann
Röschen, das ich meine!

Heinrich Heine (1797-1856)

In diesem Lied ist die Sehnsucht nach einer neuen Heimat zu spüren. Wo Veilchen blühen und wo eine Rose zu grüßen ist. Die Natur wird nicht stille sein, nicht auf dem Weg, nicht dann am Ziel: wo's grünt und blüht, das Lied erschallt vom Angekommen sein und alles süß umfangen. Es ist ein Sehnen, das nicht verkommt, das nicht einschläft, nur weil Körper und Geist brüchiger werden.

Mittwoch, 2. März 2022. Ukraine. Schlagzeilen: Stuttgarter Nachrichten: S.1: Mehrere Tote bei Angriff auf Kiew / Putins Krieg lässt Scholz Stärke zeigen (Kommentar) /

S.2: Kommt die Wehrpflicht zurück (in Deutschland) /

Im Regionalteil: Hoffnung schöpfen fällt vielen schwer (Junge Leute in Stuttgart befürchten, dass auch in D. noch viel passiert).

Focus online: Russisches Militär meldet Einnahme von erster Großstadt – Universität in Charkiw steht in Flammen /

Als Putins Bomben auf Charkiw hageln, beginnt für Bahra ein Kampf ums Überleben.

Putin sitzt auf 630-Milliarden-Schatz – nur heben kann er ihn nicht.

Spiegel Online: Wladimir Putin vereint für einen Moment sogar Amerika.

Mehr Luftangriffe, mehr Sanktionen – das geschah in der Nacht.

9:35 Uhr: geschlossene Wolkendecke, trocken, -1 Grad.

Bei all den Pressemitteilungen sollten wir nicht vergessen: Worte, Worte, Worte, die wir in neuer und interessanter Bedeutung lernen dürften: „Neun-Euro-Ticket“ und „Doppelwumms“. Letzterer ist nah dem „Sondervermögen“ mit dessen Hilfe sich in den nächsten Jahren an der Schuldenbremse vorbei Hunderte Milliarden ausgeben lassen. Der Krieg Russland / Ukraine war noch keine drei Tage alt, da orakelt Bundeskanzler Olaf Scholz schon von der „Zeitenwende“ und erklärt, er werde der Bundeswehr 100 Milliarden Euro extra bereitstellen. Der Begriff „Ringtausch“ erhält auch eine neue Bedeutung: Die BRD liefert schwere, aber alte Waffen (Marder-Panzer) an ein Land außerhalb der Ukraine, dieses schickt dann noch ältere schwere Waffen (BMp1-Panzer) in die Ukraine. Und da haben wir doch noch das Bild im Kopf, wie die Mädels und Buben im Kindergarten, mit ernster Miene und doch lächelnd singen: Ringlein, Ringlein, du musst wandern … von einer Hand zur andern …

Donnerstag, 3. März 2022. Ukraine. Schlagzeilen:

Stuttgarter Nachrichten: S. 1.: Die Welt verurteilt Putins Krieg.

S.3 Seite: Die Kiewer wappnen sich.

Focus online: Putin ändert Taktik: Für ukrainische Zivilisten drohen noch verheerendere Folgen.

Explosionen in Kiew, Mariupol umstellt / EU erwartet Millionen Ukraine-Flüchtende / Deutschland liefert weitere Waffen.

Spiegel Online: Franzosen sollen umgehend Russland verlassen. / Deutschland will Flugabwehrraketen an Ukraine liefern.

10:45 Uhr: Blauer Himmel. Ohne Wolken + 4,0 Grad, gefühlt wie +3 Grad. Frühlingswetter im Schwabenland.

Und noch mal: Gedanken zum Frühling:

Liebe ist der Duft
Liebe ist der Duft in weiter Ferne
Auch wenn über mir die Nacht und Sterne.
Morgen dann, im Zwielicht wirst du's schauen.
Liebe? Ach, ich hab's so grausam nun vergessen
Kannst im Zwielicht deine Traumburg bauen
Vernarrt jedoch bin ich und ganz versessen.
Es treibt mich mächtig hin zu dir!
Weiß' nicht, Liebe, wie ist's in mir!
Liebe hätt' ich nah so gerne
Nun ist sie nur der Duft der Ferne!

(MB Ende der 1900er Jahre)

Freitag, 4.März 2022. Ukraine-Schlagzeilen:

Stuttgarter Nachrichten: S. 1.: Einigung auf humanitäre Korridore. Unternehmen verlassen Russland.

S.2: Alles – nur keinen Krieg mit Russland. Muss Putin vor Gericht?

Focus online: Russische Truppen nehmen Atomkraftwerk nach Brand ein. Selenskyj spricht von „Nuklear-Terror“.

Spiegel Online: Putin versteht nur Stärke, und die hat Scholz gezeigt. New Yorker Oper stoppt mit Zusammenarbeit mit Netrebko. Russische Truppen auf dem Gelände des Atomkraftwerks. Saporischschja, US-Senator fordert Russen zur Ermordung Putins auf.

Samstag, 5.März 2022. Heute ist Samstag. Regelmäßig an den Samstagen stehen in den örtlichen Tageszeitungen gehäuft Anzeigen über Verstorbene. Dazu eine anonymisierte Liste (mit Geburtsjahrgang und Lebensalter):

Fr. U. S. *1933 > 89 // Fr. D. B. *1925 > 97
H. G. B. *1932 > 90 // H. K. G. *1930 > 92
Fr. H. F. *1930 > 92 // H. W. R. *1938 > 84
Fr. R.L. *1926 > 96 // Fr. L. H. *1942 > 80
H. K. H. *1940 > 82 // H. E. N. *1930 > 92
H.H.S. *1950 > 72 // Fr. D.A. *1945 > 77
H. A. R. *1943 > 79 // Fr. A. S. *1937 > 85
Fr. M. G. *1933 > 89 // H. K. W. *1940 > 82
Fr. H. S. *1932 > 90 // H. E. G. *1922 > 100
H. W. Ö. *1943 > 79 // H. S. M. *1932 > 90
H. K. S. *1941 > 81 // H. M. R. *1939 > 83
Fr. H. S. *1928 > 94 // Fr. M. W. *1927 > 95

(11 verstorbene Frauen und 13 verstorbene Männer.)

Ukraine-Schlagzeilen. Stuttgarter Nachrichten:

S.1.: Scholz telefoniert mit Putin. Gerhard Schröders tiefer Fall

S.2: Atomkraftwerk unter Beschuss.

NATO schließt Flugverbotszone aus.

S.3: Seite: Warten auf die russischen Panzer.

S.4: Seite: Putin braucht keinen Vorwand, er hat Ideologie.

Focus online: Pentagon-Bericht: Russland feuert ein Dutzend Raketen pro Tag ab – beeindruckt von Gegenwehr. / Es braucht dringend eine Lösung: Wie der Krieg beendet werden könnte./

Das Ukraine-Update: Selenskyj greift mit scharfen Worten die NATO an. Was in der Nacht passiert ist.

Spiegel Online: Russland zensiert das Internet in Rekordzeit. / Russland kündigt Waffenruhe in Mariupol zur Evakuierung der Stadt an. / Putin in Belgrad (Serbien) gefeiert.

Sonntag, 6. März 2022. Ukraine-Schlagzeilen: Bild am Sonntag: S.1: So denken die Deutschen über den Krieg: besorgt, dass Atomwaffen eingesetzt werden, russische Truppen noch weitere Länder angreifen werden. / Sie sind für Wiedereinführung der Wehrpflicht / Deutschland soll Gas-Importe aus

Russland stoppen / Deutschland kann sich nicht verteidigen, mehr Sanktionen notwendig.

S.2: Ukrainer kämpfen mit Flinten gegen Raketen.

S.6/7: Putins Überfall auf die Ukraine (Bilder vom Krieg)

S.8/9: Großer Treck nach Westen

S.12: Raus für den Frieden: Deutsche demonstrieren für die Ukraine. Erst abgefragt um 17:45 Uhr:

Focus online: Kampfjets für die Ukraine? USA bieten Polen Tausch-Deal an – doch die sträuben sich.

Analyse (T. Jäger): Auch wenn Putin die Ukraine einnimmt, politisch hat er den Krieg schon verloren.

Tausende Festnahmen: Mutige Russen demonstrieren gegen den Krieg – Polizei marschiert mit Knüppel auf.

Spiegel Online: London = Londongrad: Ein Königreich für Milliardäre.

Russland will chinesisches Kreditkartensystem nutzen. Brennelemente-Lager soll mit Artillerie beschossen worden sein.

Montag, 7. März 2022. Es ist der elfte Tag der kriegerischen Auseinandersetzung in der Ukraine. Anscheinend hatten die einen nicht damit gerechnet, dass die „Befriedung“ so lange dauern kann, und die anderen hoffen immer noch, dass mit der Dauer der Auseinandersetzung die Hilfe gegen den Aggressor ein gutes Ende für ihr Land erzwingt.

Ukraine-Schlagzeilen: Stuttgarter Nachrichten:
S.1: Kriegsverbrechen? Russland vor Gericht? Stuttgart zeigt Solidarität mit der Ukraine.
S.2: Israel versucht es als Vermittler.
S.3: Die schmutzigen Seiten des Krieges.
Focus online: Russland rekrutiert syrische Kämpfer für Gefechte in der Ukraine – Feuerpause in vier Städten. / Ex-General ist sich sicher: „Die Ukraine kann den Krieg gewinnen".
Spiegel Online: Russland kündigt erneut Öffnung humanitärer Korridore an. / Städte unter Beschuss, wachsende Sorge vor einem Sturm auf Kiew.

8:40 Uhr: - 2 Grad, blauer Himmel, Sonne pur.

Dienstag, 8. März 2022. Ukraine Schlagzeilen: Stuttgarter Nachrichten: S.1: Ukraine lehnt Fluchtwege nach Russland ab.
S.2: China steht „felsenfest" an Moskaus Seite
S.3.: Scholz bremst beim Thema Ölembargo.
Fokus online: Erste Evakuierung begonnen: Kiew öffnet Fluchtkorridor für Zivilisten aus Sumy.
Ukrainerin holt Drohne mit eingelegten Tomaten aus der Luft.
Spiegel Online: Ein Ölembargo ist möglich – und kommt wohl dennoch nicht / Ukraine fordert Verzicht auf Erdöl und Erdgas aus Russland – aber Deutschland will nicht.

Heute ist „Internationaler Frauentag“. Dazu die Überschriften in den „Stuttgarter Nachrichten“:

S.1: Frauen verdienen im Land weniger als Männer.

S.6 (ganze Seite): Rückschritt für die Frauen (Diskussion von „wichtigen“ Frauen der Gesellschaft).

S.7 (ganze Seite): Die kümmern sich schon (Diskussion von Frauen zum Thema Frauen kümmern sich um Betreuung …)

S.8: Pandemie macht Frauen unglücklicher als Männer.

Sind diese Sätze zum Sinnieren oder auch einfach zum Weglassen? Manche sagen so und aber andere schauen zu. Wen tut‘s jucken?

Draußen ist herrliches Frühlingswetter, frisch die Temperatur, blau der Himmel, die Sonne lacht. Dazu weckt ein altes Frühlingsgedicht das Hoffen, weg von den Katastrophen und Benachteiligungen, die wir aus den Zeitungen erfahren und auch erleiden müssen. Wirklich müssen? Gönnen wir uns den „Bauern im Märzen“ des ursprünglichen Kalenderliedes (1905) aus Mähren.

Im Märzen der Bauer
Die Rößlein anspannt.
Er pflanzt und er schneidet
Die Bäume im Land.
Er ackert und egget,
Er pflüget und sät.

Und regt seine Hände
Gar früh und noch spät.
Den Rechen, den Spaten,
Den nimmt er zur Hand.
Und ebnet die Äcker
Und Wiesen im Land.
Auch pflegt er die Bäume
Mit edlerem Reis.
Und spart weder Arbeit
Noch Mühe und Fleiß.
Und ist dann der Frühling
Und Sommer vorbei,
Dann füllt sich die Scheune
Im Herbst wieder neu.
Es füllt sich der Keller,
Der Stall und das Haus.
Da gibt es, wenn's kalt wird
Gar fröhlichen Schmaus.

(Verf. unbekannt, Kalenderlied Mähren)

Mittwoch, 9. März 2022. Ukraine-Schlagzeilen: Stuttgarter Nachrichten: S.1: Mehr Platz für Geflüchtete – Land lockert Coronavorgaben.

S.2: Schneller weg von Putins Gas und Öl. China will eine „diplomatische Lösung".

S.3: Erst Berlin - und dann? (Flüchtlinge in Berlin) Verzweifele Fluchtversuche aus umkämpften Städten.

Focus online: AKW Tschernobyl ohne Strom. Laute Explosion in Kiew. Ankunft der 1000 „Gruppe Wagner“ Söldner erwartet.

Legt Russland Nord Stream 1 trocken, droht Deutschland der „wirtschaftliche Supergau“.

Spiegel Online: Atomkraftwerk Tschernobyl vom Netz abgeschnitten.

EU beschließt Sanktionen gegen weitere russische Oligarchen.

Sturz der ukrainischen Führung angeblich nicht das Ziel.

Donnerstag, 10. März 2022. Ukraine-Schlagzeilen: Stuttgarter Nachrichten: S.1: Scholz an Putin: „Stoppen Sie das Blutvergießen!“

S.2: Ukraine zeigt sich offen für neutralen Status. Angst vor Ausweitung der Kampfzone

S.4: So greift die russische Armee an.

Focus online: Russische Armee rückt weiter auf Kiew vor – USA: Russland könnte Chemie-Waffen einsetzen. Bomben auf Geburtenklinik: Ein Bild zeigt Putins ganze Erbarmungslosigkeit. Die scharfe Scholz-Kritik des Botschafters: „Messer in den Rücken der Ukraine“.

Spiegel Online: Städte unter Beschuss, Diskussion über russische Energieimporte. USA warnen vor russischem Einsatz von Massenvernichtungswaffen. Russland setzt Offensive zur Einkesselung von Kiew offenbar fort.

Heute ist ein Tag, an dem ich an meinen Vater denke. Er ist am 10.3.1914 in Blaubeuren-Sonderbuch geboren. 1984 ist er am 20.3. mit 70 Jahren am Ende einer Heimfahrt mit unserer Mutter kurz vor der Einfahrt in die Garage an einem Herzinfarkt gestorben. Ich fuhr in der Nacht von Gammertingen/Mariaberg zu meiner Mutter. Vater war am nächsten Morgen schon beim Beerdigungsinstitut aufgebahrt. Zu seiner Beerdigung an einem Samstag kamen sehr viele Menschen aus Blaubeuren und dem ganzen Ländle. Ich habe ein Jahr zuvor eine Stelle als Rektor an der Schule für geistig Behinderte in Reutlingen angetreten, bei der Einsetzung war er anwesend. Ein paar Jahre davor zeigte mir mein Vater voller Stolz seine neue Errungenschaft: einen neumodischen elektrischen Rasierapparat. Dann schaute er mich und meinen Vollbart an, kniff die Augen zu und meinte: „Ja, eigentlich brauche ich den gar nicht, mein alter tuts noch ganz gut. Aber du wirst so einen tollen Rasierapparat schon noch und länger brauchen“. Er schenkte mir seine neueste Errungenschaft. Es dauerte aber noch fast 20 Jahre, bis ich meinen Vollbart rasierte und dann meine Bartstoppeln täglich mit Papas Apparat rasierte.

Johannes (Hans) Breitinger, Schneidermeister mit eigenem Geschäft, über viele Jahre auch mit zwei Angestellten. Ende der 1970er Jahre, als die Maßanzüge-Kundschaft immer weniger wurden, übernahm er dann den Hausmeisterposten im Evangelischen Altersheim in der Bergstraße.

Er war einfacher Soldat im Zweiten Weltkrieg. Arbeitete in der Schneiderei und versorgte die Pferde. Am Ende konnte er mit einem Kameraden von der Krim am Schwarzen Meer über Griechenland, Italien, meist zu Fuß, nach Blaubeuren zurücklaufen.

Er eröffnete seine „Maßschneiderei", erst in der Klosterstraße, dann zog er um in die Bayergasse und zuletzt in die Bergstraße.

Elsa, geb. Beutler, heiratete er vor der Eröffnung seiner Maßschneiderei. Sie hatten mit mir, geb. 1948, und meinem Bruder Ernst, geb. 1952, zwei Söhne. Auf beide konnte er stolz sein: Ein Sonderschulrektor und ein Leiter einer besonderen Sozialstation. Beide verheiratet.

Freitag, 11. März 2022. Ukraine. Schlagzeilen:

Stuttgarter Nachrichten: S.1: USA verlegen Raketensysteme von Deutschland nach Polen. / S.2 Fehlschlag in Antalya (Außenminister von Ukraine und Russland). Trifft Schröder Putin in Moskau? Präsident Selenskyj soll im Bundestag sprechen. / S.3 Drei Menschen bei Angriff auf Geburtsklinik getötet.

Focus online: Videos zeigen heftige Explosion in Lutsk. Moskau meldet Einnahme der nächsten Stadt

Spiegel Online: Ziviler Widerstand gegen Putin. So rüsten sich die Einwohner von Odessa für den Krieg. Russische Einheiten ausgebremst, offenbar Angriff auf Fluchtkorridor. / Lawrow: Wir haben die Ukraine nicht angegriffen. / Selenskyj: Dies ist blanker Terror von erfahrenen Terroristen.

Da wir am 12.03. nach Warnemünde fahren, wird diese tägliche Schlagzeilen-Liste „ausgesetzt".

Donnerstag, 15. März 2022: Im fortgeschrittenen Alter schrieb Joseph Freiherr von Eichendorff (1788-1857) seine „Neue Liebe":

Herz, mein Herz, warum so fröhlich,
So voll Unruh und zerstreut,
Als käm über Berge selig
Schon die schöne Frühlingszeit?
Weil ein liebes Mädchen wieder
Herzlich an dein Herz sich drückt,
Schaust du fröhlich auf und nieder,
Erd' und Himmel dich erquickt.
Und ich hab die Fenster offen,
Neu zieh in die Welt hinein
Altes Bangen, altes Hoffen!
Frühling, Frühling soll es sein!
Still kann ich hier nicht mehr bleiben,
Durch die Brust ein Singen irrt,
Doch zu licht ist's mir zum Schreiben,
Und ich bin so froh verwirrt.

Also schlendr‘ ich durch die Gassen,
Menschen gehen her und hin,
Weiß nicht, was ich tu und lasse,
Nur dass ich so glücklich bin. (1837)

Dienstag, 22. März 2022. Wenn Joseph Freiherr von Eichendorf mit 49 Jahre seine „Neue Liebe“ mit tiefem Sehnen, Bangen und Verlangen schrieb, so darf zu keiner Frühlingszeit das „Blaue Band“ fehlen:

Frühling lässt sein blaues Band
Wieder flattern durch die Lüfte
Süße wohlbekannte Düfte
Streifen ahnungsvoll durchs Land.
Veilchen träumen schon,
wollen Balde kommen.
Horch von fern ein leiser Harfenton.
Frühling, ja du bist’s!
Dich hab’ ich vernommen.

Eduard Mörike (1804-1875)

Mörike und Frühling ist eine glückliche Verbindung.

Der Frühling weckt darüber hinaus weitere Geister, Gedanken, Gefühle, manchmal auch ein Bauchgrimmen. Zum Frühlingsanfang denken nicht alle, aber doch manche, spontan an den zweiten oder noch späteren Frühling. Für manche Zeitgenossen ist das der interessanteste und dankbarste Geschlechtstrieb allerorts. Wir umgehen diesen Trieb und wenden uns dem Gefühl zu, der Zuneigung.

Zuneigung ist nicht nur ein Wort, es ist eine Haltung, ein Ausdruck. Es ist ein herzliches Gefühl des Wohlwollens, eine liebevolle Empfindung für jemandem. Und da flattert was durch die Lüfte, Berührungen sind dabei mehr als Händeschütteln oder Sex. Da neigt sich was. Da geht was still zur Neige? Fragen über Fragen!

Sie schauen hin und her. Sehen, was sich neigt und wer es wieder vergeigt.

Unter der Frühlingssonne im Frühjahrskostüm und einer Blume im Haar steht sie da, unsere zuweilen sehr liebe, immer leicht mollige und auch so kuschelige Nachbarin, ohne eine Spur von Frühlingsmüdigkeit im Frühlingswind, und kann den Frühjahrsputz kaum erwarten.

Möchte sie den späten Frühling nicht verpassen? Wie Veilchen und Knospen sich zur Sonne treiben, sich sanft dann spüren? Und von den wohlbekannten Düften träumen? Wieder Fragen über Fragen!

Frühling lässt sein blaues Band flattern und da bewegt sich manches. Hin und her. Auch quer. Nach dem Winter und vor dem Sommer. Frühling ist's. Ganz benommen und verkommen.

Mittwoch, 23. März 2022. Nach einer Frühlingstour ab dem 12.03.2022 nach Warnemünde mit Ausflügen nach Heiligendamm, Stralsund und auch Rostock, einen 2 Tage-Zwischenhalt in Berlin sind wir gestern Abend wieder hier im Schwabenländle angekommen.

In Berlin gingen wir mit meinem Schreibfreund Olaf Hein (Ole Olsen) „Unter den Linden" spazieren, sahen das neue Schloss und die Museumsinsel, tranken Berliner Bier im sonnigen Garten einer Wirtschaft. Die Erklärungen und Geschichten von Olaf brachten uns der legendären „Berliner Luft" näher. Dankeschön.

Gestern, am 22.03., ging in Berlin die Sonne um 6:04 auf und um 18:22 ging sie unter. Es war ein sonnenreicher Tag mit Temperaturen von 15 bis 17 Grad. Die Zugfahrt von Berlin über Leipzig, Erfurt, Fulda, Frankfurt nach Stuttgart dauerte fast vier Stunden, einschließlich der verspäteten Abfahrt in Berlin, aufgrund der „verspäteten Bereitstellung" des Zuges.

Heute, am 23.03. geht in Stuttgart die Sonne um 6:20 auf und um 18:40 geht sie unter. Auch hier wird es wieder ein Sonnentag mit 18 Grad Höchsttemperatur.

Bei dieser Frühlingstour (alles mit öffentlichen Verkehrsmitteln) habe ich viel „aufgenommen", aber kein Aktions- oder Reisetagebuch geschrieben.

Die kriegerischen Aktivitäten in der Ukraine dauern noch an, die Presseberichte sind auch die letzten zehn Tage sehr emotional gestaltet. Der Präsident der Ukraine und die beiden Klitschko-Brüder sind für Journalisten Helden dieses Krieges.

Heute folgende Schlagzeilen: Stuttgarter Nachrichten:

Erst auf S.4: Wer macht Jagd auf Selenskyj? (Selenskyj ist Symbol des Widerstands/ Dass der ukrainische Präsident ermordet werden soll, ist plausibel.)

Focus online: Ukrainisches Militär zerstört russische Stellungen bei Cherson zum achten Mal. Russland-Kenner: „Ich sehe derzeit kein Szenario, in dem Putin aufgibt.“

Spiegel Online: Putins Krieg, Trumps Problem. Heftige Kämpfe bei Charkiw, „sehr schwierige“ Verhandlungen. Selenskyj will russische Piloten zur Rechenschaft ziehen. Angst vor Putins Chemiewaffen.

Was macht ein fast 74 Jahre alter Mann aber mit der folgenden Information: Es gibt Tiere ohne Muskeln und Gehirn. Schwämme hielt man lange Zeit für Pflanzen. Doch die löchrigen Gebilde sind faszinierende Tiere! Schwämme sind ein eigener Tierstamm. So, wie die Wirbeltiere ein eigener Stamm sind! An die 8000 Schwammarten kennen wir heute. Sie gibt es in allen Farben und sogar im Eismeer in tausend Meter Tiefe und im Süßwasser. Sie vermehren sich ähnlich wie Hefe (Vgl. 15. 11. 2021: Hefe und Sex) geschlechtlich und ungeschlechtlich. Bei der geschlechtlichen Vermehrung können die weiblichen Schwämme männliche Samenzellen in ihre Gänge einsaugen. Und? Bisher noch nicht ist geklärt, ob Hefe und die Schwämme auch aus Jux und Tollerei Sex oder so was Ähnliches treiben. Interessant? Warum?

Donnerstag, 24. März 2022. Ukraine-Schlagzeilen:

Stuttgarter Nachrichten: S.1: Putin: Gas gibt es nur gegen Rubel. Geflüchtete Kinder – Kigas und Schulen schlagen Alarm. Kommentar: Joe Biden – der Verteidiger Europas.

S.4: NATO verstärkt Truppen in Osteuropa.

Focus online: Notfallplan für Deutschland: Die Folgen von Putins Rubel-Trick: Wer im Ernstfall zuerst kein Gas mehr bekommt. Geheimdienst: Ukrainer erhöhen Druck auf Putins Truppen bei Kiew – und sind mit Gegenangriffen erfolgreich.

Spiegel Online: Selenskyjs Video-Appell ab die Welt: „Ich bitte Sie, gegen den Krieg aufzustehen“. / Ihre Stadt ist besetzt – aber sie sind nicht besiegt. / NATO schätzt Verluste auf russischer Seite hoch ein. Großbritannien will Ukraine 6000 Raketen liefern.

Samstag, 26. März 2022. Jetzt sind es schon 30 Tage: kriegerische Auseinandersetzung im

Staatsgebiet der Ukraine. Und Nächte! Die Schlagzeilen in unseren Medien verteufeln weiterhin Putin und die Herren der Ukraine werden als Helden gefeiert. Manchmal habe ich den Eindruck, in einem James-Bond-Film zu sein. Da gibt es auch immer einen Bösewicht und der Gute siegt. Der Gute hat ja – woher auch immer – die besten Waffen und ist einfach cleverer.

Unzählige und eigentlich nicht nachprüfbar viele Menschen fliehen aus der Ukraine, angeblich fast nur Frauen und Kinder, für sie ist gesorgt. Männer im wehrpflichtigen Alter (18 - 60) müssen zurückbleiben und die ukrainische Armee unterstützen. Notfalls werden sie an der Grenze zu den europäischen Ländern von der ukrainischen Polizei zurückgehalten.

In Europa macht man sich Sorgen, Lebensmittel könnten knapp werden und Energie will die Politik nicht mehr von den russischen Firmen abnehmen. Russland soll wirtschaftlich in die Knie gehen. Keine Waffen mehr kaufen können und so leiden, dass das Volk dort sich gegen Putin erhebt. Es wird spannend, wer da als erster und länger leidet. Der arme Europäer oder der arme Russe? Anzunehmen ist auch, dass keiner der Herren in den Regierungen in Europa/der USA oder in Russland Hungersnot, Kälte und Benzinknappheit spüren werden.

Ab nun verzichte ich auf die täglichen Schlagzeilen zur Krise. Widme mich den Tagen hier. Dem

Leben. Dem älter Werden und dem Verstehen des Alterns.

Der Wiener Neurologe Viktor Frankl (1905-1997) stellte fest: „Das Leben wird vorwärts gelebt und rückwärts verstanden".

Sonntag, 27. März 2022. Ein Frühlingssonntag. Wunderschöner, blauer Himmel, laues Lüftchen und ein Tag, von dem uns eine Stunde weggenommen wird. Wir dürfen die Uhr um eine Stunde vorstellen. Die Bäckereifachverkäuferin hat die Tür an diesem Sonntag, wie immer am Sonntag, um 8 Uhr aufgeschlossen. Zur Sommerzeit 8 Uhr. Und wer an diesem Sonntag die Zeitumstellung noch nicht realisiert hat, der wartet noch auf die Öffnung, für ihn gilt ja noch die Winterzeit: sieben Uhr.

Von den 1977er Jahren bis hin zum Jahre 1996 wurde die Zeitumstellung in den beiden deutschen Staaten und in den Ländern der Europäischen Union eingeführt. Diese Zeitumstellung stört heute viele. Jedes Jahr füllen entsprechende Leserbriefe die Zeitungsseiten. Nebenher erfahren wir, dass früher unterschiedliche Zeiten den Alltag viel komplizierter machten.

Noch im 19. Jahrhundert hatten in Deutschland jeder größere Ort und die umliegenden Gemeinden eine eigene Uhrzeit. 1890 musste man bei einer Tour um den Bodensee die Uhr fünfmal verstellen. Kam man aus der Schweiz (Berner Zeit) nach

Baden, galt die Karlsruher Zeit und man musste die Uhr vier Minuten vorstellen. Dann kamen Friedrichshafen mit der Stuttgarter (plus drei Minuten), Lindau mit der Münchner (plus zehn Minuten) und Bregenz mit Prager Zeit (plus 11 Minuten).

1893 wurde dieses Problem der Zeitanpassung durch Einführung der Mitteleuropäischen Zeit gelöst. Nicht bekannt ist, ob da irgendjemand von der Zeitenwende sprach.

Fernab dieser früheren Minutenklauberei und auch der heutigen Stundenklauberei im Frühjahr und Herbst ist es nun Frühling. Dazu lädt das Gedicht zu einer Fahrt ein durch das oberschwäbische Land bis an den Bodensee.

Frühling
Einst im Frühling heiße Luft am See.
Felchen mit Salat.
Spürst Du den Sinn heute noch so unbedarft?
Fahrt durch Boms hinunter zum See.
Sonne über Feld und Wald.
In der Luft ein Summen.
Dann ein Bad im heißen Quell.
Ruhend‘ dann die Händ‘ sich finden.
Bebend auch die Körper jauchzen.
Sinn.

(MB um die Jahrtausendwende 2000)

Donnerstag, 31. März 2022: Heute, wie schon in den letzten Tagen, nichts mehr zu den Vorkommnissen in der Ukraine.

Nein, es soll nicht wiederholt werden. Weder das Wahre und Gute noch die Lügen über die Gräueltaten der Gegner oder die Vermutungen und Unterstellungen über die Schwächen und Stärken derselben. Auch nicht, wie man mit den Bildern lügen kann.

Heute soll das Wetter im März im Mittelpunkt stehen. Das Wetter im ersten Frühlingsmonat 2022.

Tatsächlich bot die Sonne in diesem Monat den größtmöglichen Kontrast zur Traurigkeit der Weltlage, trieb die Leute scharenweise ins Freie. Überall spross zartes Grün und erste Blüten zeigten sich in der Sonne.

Die Sonne brachte es im Monat März auf 240,4 Stunden. Noch nie wurden in Stuttgart mehr Sonnenstunden im Monat März gemessen. Auch wenn es zu Beginn viel zu trocken war. Nur 25,5 Liter Regen pro Quadratmeter wurden im ersten Frühlingsmonat 2022 gemessen. Allein mehr als die Hälfte davon (14,9 Liter) fiel am 31. März. Der März begann aber ziemlich kalt. An elf Tagen herrschte Frost und im Mittel waren es dann 7,1 Grad über Null. Am 28. März waren es dann warme 20,3 Grad.

Das Wasserdefizit dürfte im nächsten Monat kompensiert sein. Alle Prognosen gehen bis Mitte April von vielen Wolken und immer wieder Regen aus. Wenigstens ist das ein Wetter!

Freitag, 1. April 2022. April, April

Nach der Pandemie-Zeit nun auch noch Kriegszeit! Keine Stimmungsaufheller unterwegs. Was hat man früher auf den Fernsehkanälen, den Presseprodukten und im persönlichen Umfeld die Mitmenschen in den April geschickt. Fake-Nachrichten, je unwahrscheinlicher, desto plausibler und ernsthafter dargestellt. Kleine, große Streiche erheiterten Groß und Klein. Wurden zum Teil erst Tage nach dem 1. April aufgedeckt und die gefoppten Mitmenschen zeigten ihren Sinn für Humor, wenn es ihre Persönlichkeit und ihre Eigentümlichkeiten betraf.

Nichts davon in diesen Zeiten! Zu Pandemiezeiten funktionierte die Humor-Nummer noch. Da war Corona, das Covid und alles, was damit zusammenhängt, durchaus mal einen Lacher wert. Einen Auslacher. Und einen tiefen Durchschnaufer!

Zum ersten April 2022 wurde kein Auslacher provoziert. Keine Zeile, keine Bemerkung half mit, sich von dieser scheußlichen Gemengelage Krieg zu distanzieren. Kein Bemühen, mit Humor die traurigen Gegebenheiten aufzuhellen, mit ein bisschen Hoffnung und ein bisschen Zuversicht aufzuzeigen. (Vgl. „Morbider Humor“ am 5.01.2022)

Dienstag, 5. April 2022. Die Nachrichten, täglich auf allen Kanälen im Fernsehen und Radio, in allen Zeitungen und das Drandenken in privaten Räumen zu der nun schon über vierzig Tagen dauernden kriegerischen Auseinandersetzung auf dem Staatsgebiet der Ukraine, haben mich ganz meschugge gemacht. Mein Schreiben über das Jetzt und das Älterwerden stockt, läuft ins Leere.

Anfänglich versuchte ich mit dem Aufzeigen der Schlagzeilen einer Tageszeitung und zweier Online-Dienste hier die Situation zu skizieren. Bekanntlich wird im Krieg, vor Gericht und bei einer Beerdigung gelogen, dass sich nicht nur die Balken biegen. Der Hinweis zum Schluss der Berichte über die Erfolge und Niederlagen der Kriegsparteien, dass das Geschilderte leider nicht von einer unabhängigen Institution bestätigt werden kann, fand sich zu Beginn regelmäßiger. Inzwischen ist die Sprache eindeutiger geworden und Beschuldigungen auch einseitiger.

Donnerstag, 7. April 2022. Zehn Jahre sind eine lange Zeit. Auch noch, wenn man im Sommer den 74. Geburtstag feiert. Zehn Jahre noch leben, nicht krank sein, nicht dahinsiechen. Zehn Jahre Leben bedeutet auch 3650 Tage Sein. Ausgefüllte Tage. 87.600 Stunden. Einige dieser Stunden werden verschlafen werden. Aber an mehr als der Hälfte der

Stunden sollten wir Gelegenheiten haben, uns zu freuen und zu lachen.

Sonntag, 10. April 2022. Heute werden wir – nach der durch Corona-Verordnungen monatelanger Enthaltsamkeit – in eine Besenwirtschaft gehen. Nach Obertürkheim zum „Rauscher“ oder nach Uhlbach ins „Dreimädelhaus“, oder nach Untertürkheim. Auch in Hofen haben zwei Besen offen, aber das wäre eine ganz andere Linie. Nach Obertürkheim geht der Bus ab Birkach zu jeder halben Stunde.

Zum ersten April wurden viele Regelungen zur Bekämpfung der Corona-Pandemie außer Kraft gesetzt. Vielfach ist keine Maskenpflicht mehr vorgesehen, nur in öffentlichen Verkehrsmitteln sind noch OP-Masken zu tragen. Sonst ist das Tragen der Masken freiwillig. Diese Freiwilligkeit hat zur Folge, dass die „Begegnung“ in der Bäckerei oder im Lebensmittelladen immer auch von abschätzigen Blicken begleitet ist. Warum trägt der eine eine Maske, warum der andere keine? Nicht immer stumm, individuell fällt die Reaktion der Einzelnen aus.

Gestern waren wir zur vierten Impfung (4 von 4) im Klinikum der Stadt Stuttgart.

Für die erste Impfung musste man sich eine Impfstelle noch suchen und wenn man eine gefunden hat, online anmelden und manchmal hatte man

Glück. Dann bekam man einen Termin, der nicht verschoben wurde.

Meine erste Impfung fand am 17.04.2021 an der Impfstelle des Landratsamtes Esslingen auf dem Messegelände beim Manfred-Rommel-Flughafen statt. Die zweite dann am 22.05.21 an derselben Stelle. Die dritte Impfung dann in der Sportarena in der Königsstraße in Stuttgart am 30.11.21.

Zur vierten Impfung konnte ich sehr kurzfristig einen Termin im Klinikum Stuttgart am 09.04.2022 wahrnehmen. Auch Ursula erhielt die vierte Impfung, auch wenn die Empfehlung zur Impfung nur für die über Siebzigjährigen ausgesprochen wurde. Der diensthabende Arzt meinte: Alle, welche freiwillig zu uns kommen und geimpft werden wollen, werden geimpft. Man munkelt, dass viel zu viel Impfstoff mit baldigem Verfalldatum vorhanden ist. Wir haben es bis heute gut überstanden. Voila. Dann ab in den Besen!

Montag, 11. April 2022. Jetzt wird es warm werden. Heute war Sonnenaufgang um 6:41 Uhr und der Untergang wird um 20:08 Uhr sein. Jetzt, um 8:36 Uhr, scheint die Sonne, ein klarer Himmel mit den Kondensstreifen der Flugzeuge lacht über die 2 Grad plus hier im Asemwald. Angesagt sind bis zum Mittag 16 Grad.

Donnerstag, 21. April 2022. Heute feiert die britische Queen Elisabeth II ihren 96. Geburtstag. Die Monarchin verbringt ihren Ehrentag im privaten Rahmen auf ihrem ostenglischen Landsitz Sandringham. Öffentlich wird der Tag mit Kanonenschüssen gewürdigt. Größere Feierlichkeiten mit einem viertägigen Programm und einem extra-Feiertag stehen erst Anfang Juni an. Was bedeutet das? Für das Weltgeschehen und für die einzelnen Leserinnen dieser Meldung?

Was bedeutet das, wenn in den Stuttgarter Nachrichten von heute auf der ersten Seite steht: Baerbock: Gepanzerte Fahrzeuge für Ukraine „kein Tabu“. Und auf der 4. Seite: Scholz spricht von Waffen „mit erheblicher Auswirkung“. Was steckt dahinter?

29. April 2022. Vielleicht ist es angebracht – nach fast 70 Tagen kriegerischer Auseinandersetzung in der Ukraine – Schlagzeilen zu zeigen: Kriegsforscher mit neuer Theorie: Putin will am 9. Mai gar nicht den Sieg feiern, sondern das Inferno auslösen.

NATO-Eliteeinheiten operieren bereits in der Ukraine – russische Bodenoffensive pausiert.

Gepard, Marder, Fuchs: Welche Waffen Deutschland nun an die Ukraine liefert. / Die erfolgreichen Drohnenkrieger der Ukraine /

Russen hätten Selenskyj zu Kriegsbeginn offenbar fast gefangengenommen. Mal sehen, was da noch kommt.

Dienstag, 17. Mai 2022. Sonnenaufgang: 5:41 Uhr Sonnenuntergang: 21:00. Sonnig mit Wolken. 12 bis 25 Grad.

Weitere Aussichten: Morgen bei nur geringer Bewölkung viel Sonne und niederschlagsfrei. Donnerstag viel Sonne, später Wolken. Freitag: bis 31 Grad.

Donnerstag, 19. Mai 2022. Schon lange keinen Maikäfer mehr gesehen? In der täglich erscheinenden Kolumne der Stuttgarter Nachrichten > Auf gut schwäbisch. Täglich neu: Landestypisches für Einheimische und „Reigschmeckte“ konnte ich heute lesen: Maikäfersupp aus Uromas Kochbuch. Das erinnert mich an die Nachkriegszeit, meine Kindheit. Nicht jedes Jahr, aber immer wieder in der Maienzeit fraßen Käfer in den sechs Wochen ihres überirdischen Lebens ganze Gebiete kahl. Das war eine Plage, sie wurden eingesammelt und ihrer Verwertung zugeführt. Zur Verwertung! Futter für die Hühner.

Wir Kinder sammelten. Für uns bestimmten Größe und Färbung der Käfer den Handelswert: Sehr begehrt war der dunkel, kaum behaarte „Schornsteinfeger“, auch der von hellem Flaum bedeckte, „Müller“. Nur der viel seltenere rötlich gefärbte „Kaiser“ wurde noch höher gehandelt. Gesammelt und gefangen gehalten wurden sie in Streichholz- und Käseschachteln mit kleinen gestochenen Luftlöchern. Nicht ohne die Zugabe von frischen Blättern.

Das Kinderlied: „Maikäfer flieg! / Der Vater ist im Krieg. / Die Mutter ist im Pommerland. / Und Pommerland ist abgebrannt“ lernten wir und sangen es im Kindergarten, auch im Schulchor.

Heute – wahrscheinlich seit Reinhard Mey 1974 sang: „Es gibt keine Maikäfer mehr …“ - sind sie nur noch in Terrarien zu sehen.

Von der Speisekarte ist der Maikäfer schon früher verschwunden. Dabei empfiehlt die Ururgroßmutter es manch leckeres Rezept, insbesondere für Rekonvaleszente und Schwangere. Im „Magazin für Staatsarzneikunde“ pries Johann Joseph Schneider schon 1844 Suppen aus Maikäfern als „vortreffliches und kräftiges Nahrungsmittel“. Einst „in Honig eingemacht und gegen Wasserscheu gebraucht“. Schon damals hätten die Alten sie für ein Aphrodisiakum gehalten, belebten ihre Liebeslust damit. Studenten aßen sie roh. In den Konditoreien wurden sie überzuckert und kandiert zum Nachtisch angeboten.

Ich habe diese Maikäfer-Schmankerl in meiner Kindheit nicht genossen. Bis in die heutigen Tage habe ich auch keine Insekten, im Wok aufbereitet, gegessen. Ob ich damals dabei war, als es galt einem Maikäfer den Kopf (oder alles) abzubeißen und zu schlucken, weiß ich nicht mehr. Erinnern kann ich mich, bei Sepp O. einen der lebendigen Fische aus dem Aquarium zu schlucken. Wir haben es überlebt. Und werden es nie wieder tun. Vielleicht!?

Samstag, 21. Mai 2022. Wieder ist Samstag. Ein sonniger, warmer Tag. Und wieder stehen auf der Familienseite der Tageszeitung „Stuttgarter Nachrichten“ die Todesanzeigen (mit Geburtsjahr und Alter):

H. E. B. *1938 > 84 // Fr. U. G. *1964 > 58
Fr. M. H. *1949 > 73 // H. D. M. *1930 > 91
H. R. K. *1935 > 86 // H. H. R. *1925 > 95
H. W. W. *1949 > 72 // Fr. U. N. *1947 > 74
Fr. H. P. *1953 > 69 // Fr. U. S. *1936 > 86
H. G. W. *1924 > 98 // H. S. W. *1950 > 72
Fr. H. O. *1943 > 79 // Fr. L. D. *1940 > 82
H. R. B. *1926 > 96 // H. E.F. *1932 > 90
Fr. U. D. *1942 > 80 // H. P. D. *1944 > 78
H. G. H. *1936 > 86 // Fr. A. S. *1927 > 95
Fr. E. S. *1927 > 95 // Fr. M. S. *1931 > 91

(11 verstorbene Frauen und 11 verstorbene Männer.)

Jeden Morgen lese ich die Tageszeitung und mit zunehmendem Alter auch diese Rubriken immer aufmerksamer. Die Rechnerei zu den Lebensendjahren vom Tag der Geburt an gelingt immer besser.

Nein, das macht nicht depressiv. Aber jubilieren ist auch nicht angesagt.

Dienstag, 24. Mai 2022. Drei Monate sind nun vergangen seit dem Tag, an dem der Krieg in der Ukraine begann.

Drei Monate, in denen wir informiert wurden. Über die militärischen Aktionen der Angreifer und der Verteidiger. Die Tagespresse und die Nachrichtensender des Rundfunks und Fernsehens berichteten, zeigten Bilder. Aus der Nähe konnten wir auch die Menschen sehen, welche aus der Ukraine nach Deutschland kamen. Interessant war und ist immer noch, was wir vom Geschehen in der Ukraine erfahren. Wir erfahren über die Presse, was uns der britische Geheimdienst über das Militär der russischen Föderation und deren Probleme und Sorgen sagen kann. Insgesamt haben wir so einen guten Überblick über den „Feind“. Auf der anderen Seite hören und sehen wir laufend den Präsidenten der Ukraine. Er schildert seine Ansicht der kriegerischen Aktivitäten, die „Gewinne“ seiner Soldaten und zeigt auf, wie man seinen Soldaten helfen kann, den Krieg zu gewinnen. Waffen, schwere Waffen und nochmals schwere Waffen werden gebraucht. Schon länger vermutet der britische und amerikanische Geheimdienst, dass der Präsident der Russischen Föderation, „Putin“, krank sei, vielleicht auch psychisch krank. Dieser Tage erreichte uns die Meldung, dass im Februar Putin einen Sabotageakt ohne Schaden überlebt habe. Dies sei erst jetzt bekannt geworden, weil es damals anscheinend kein gutes Bild über die Sicherheit abgeben konnte.

Schon vor zwei Monaten erfuhren wir von einem missglückten Sabotageakt auf den Präsidenten der Ukraine, Selenskyj.

Während in den letzten Wochen Präsident Selenskyj aufzeigte, dass seine Soldaten die „Russen" zurückdrängten, erfahren wir, dass die „Russen" im Osten wieder Geländegewinne machen. Und die Ukraine benötigt immer noch mehr Waffen.

Erst jetzt habe ich erfahren: Der ukrainische Präsident heißt Wolodymyr Selenskyj. Der Vollständigkeit halber des Namens seines Widerpartes in Russland: Waldimir Putin.

Freitag, 27. Mai 2022. Gestern war „Himmelfahrt", traditionell auch „Vatertag". Ein Tag, an dem eher „noch nicht Väter" mit Bier und Wein auf dem Leiterwagen ins Grüne ziehen. Mancherorts sind auch große Familienfeste und Vereinswanderungen organisiert.

Dienstag, 31. Mai 2022. Zum Ultimo des Frühlings 2022 ist ein versöhnliches und abenteuerliches Bemühen um die Liebe angebracht. Vielleicht gelingt uns dazu auch ein Lächeln, auch wenn unser Gesicht schon tiefe und raue Furchen zeigt.

Am 31. Mai 1945, wurde Rainer Werner Fassbinder geboren. Gestorben ist er am 10.06.1982. Vor vierzig Jahren. Er wäre heute siebenundsiebzig Jahre alt.

Seine frühe Lyrik führt uns hinein in das Fühlen und Sehnen unserer Jugend. Ein schöner Titel seiner Jugendlyrik passt in unsere Landschaft mit all den Streuobstwiesen am Neckar und anderen schwäbischen Gauen. „Im Land des Apfelbaumes".

Hat er mit der Wut der frühen Jahre geschrien? Geschrieben? Im Land des Apfelbaumes?

Wir erinnern uns: Der erste Mann auf Erden bekam von der ersten Frau im Garten Eden einen Apfel überreicht. Mit diesem kostbaren Geschenk begann die Vertreibung aus dem Paradies. Der Exodus der Liebe. Mit dem Apfel begann aber auch schon das Ringen um die Rückkehr ins Glück. Dieses Ringen hört niemals auf. Hat Ödön von Horváth anfangs des zwanzigsten Jahrhunderts gesagt. Vielleicht hat er was anderes damit gemeint. Trotzdem.

Äpfel sind heutzutage in unserem Ländle kein Luxus. Hier und heute nicht. Man kann sie stehlen und von den Bäumen pflücken. Oder kaufen. Wenn man Hunger hat. Im Supermarkt sogar im Winter und im Frühling. Äpfel aus allen Herren Länder. Und nun wundern wir uns, warum Rainer Werner Fassbinder uns diesen Vers überlässt:

„Ich lieb heut die
und morgen jene.

Denn alle machen mich verrückt,
dass ich nach jeder mich nun sehne."

Rainer Werner Fassbinder hat damit vielleicht nicht Äpfel gemeint. Trotzdem! Oder was? Aber was?

Das haben wir davon, dass wir nicht im Lande der Zitronen leben. Das Zitronenland hat J.W. v. Goethe mit seiner Reise dorthin bunt beschrieben. Wir leben im Apfelland. Im Apfelländle. Neudeutsch im „The Länd". Über die Rückkehr nach Eden können wir vielleicht bei einem Glas Apfelsaft, mit unseren fortgeschrittenen Jahren auch beim Apfelwein, sinnieren. Die Wut auf diese Welt können wir in diesen Biss, einen Apfelbiss, legen. Beißen. Mit den Beißerlein.

Mit unserer Liebsten aber Apfelmus zum Kaiserschmarrn löffeln. Wir spüren sie, die Fragen zum Biss, zum Schluck und zum Löffeln.

Rainer Werner Fassbinder hat dazu geschrieben:

„Ich frage mich, warum es endet,
Die Liebe und das Sehnen?
Warum das Glück sich wendet,
Wenn wir uns aneinander lehnen."

Ist das ein Gedicht? Oder schlicht und einfach eine Frage?

Ach, die Liebe höret nimmer auf. Das lassen wir uns von Ödön von Horváth sagen. Das ist vielleicht verrückt. Aber nicht dumm. Warum? Ein seltsames Spiel. Und bittersüß und kribbelig.

Sommer-Festspiele

Mittwoch, 1. Juni 2022. „Wann wird es endlich wieder einmal Sommer, so ein Sommer, wie er früher einmal war? Mit Sonnenschein von Juni bis September und nicht so nass und so sibirisch wie im letzten Jahr“, sang einst (1975) Rudi Carell.

Schöne Sommer, wie sie früher einmal waren, gab es inzwischen viele. Zu schöne dazu. Immer wärmer wurden sie. Immer mehr Hitzegewitter, mehr Klimakatastrophe.

Schöne Sommer also. Wenn auch vielfach die Nächte noch schöner waren als die Tage. Meinte man und was meint man heute?

Mit dem heutigen Tag beginnt der erste Sommermonat 2022, Juni. Weitere Monate folgen: Juli und August. Alles Sommer, alles gut? Sommer wird es in diesem Jahr überall geben. Sommersprossen nicht, aber auf dem Näschen der Nachbarin sind sie niedlich. In der Sommerlaube ruht man sich aus, das Sommerwetter, wie immer es auch ist, wird genossen. Sommerzwiebel gibt's im Gemüseladen und Sommersonne scheint in der Gegend.

In Deutschland wurde der Sommerschlussverkauf schon seit einigen Jahren durch Black Friday ersetzt. Da gibt es noch den Sommerschuh, den Sommertag, die Sommerferien, den Sommerurlaub. Auch das Sommerkleid steht der Nachbarin gut und der besondere Sommerhut heißt Sombrero. Alles Sommer! Nach dem Frühling.

(Pfingst-)Sonntag, 05. Juni 2022. Anlässlich Ursulas Geburtstag, am Freitag,10.06., haben wir schon im Februar geplant und gebucht: Ab dem 5.06.2022 einen Aufenthalt im Alpenhof Murnau und am 10.06. zu den Passionsspielen in Oberammergau. Dort eine Übernachtung in der Pension Otto H. Für die Bahnfahrt können wir unsere Jahreskarten für die Stadtbahn in Stuttgart als 9-Euro-Tickets für den deutschlandweiten Nahverkehr nutzen.

Mit dem Bus geht es kurz vor 10 Uhr zur Stadtbahnhaltestelle Degerloch. Weiter geht es mit der Stadtbahn zum Hauptbahnhof Stuttgart. Die umfänglichen Bauarbeiten zum Projekt Stuttgart 21 machen eine weiträumige und zeitkostende Umgehung des alten Bahnhofgebäudes notwendig. Wir erreichen den Bahnsteig und steigen in den Regionalzug nach Ulm. In Ulm sind die Wege für die Zugkunden auch weit. Im Zug nach München-Pasing finden wir für die Koffer und uns noch einen Platz. Der Zug nach Murnau wartet dort auf uns. In Murnau chauffiert uns der Fahrdienst zum Alpenhof Murnau. Wir haben nicht nur im Fahrzeug des Hotels Sitzplätze. In jedem der Regionalzüge hatten wir einen Platz für unsere zwei Koffer und auch wir fanden immer einen Sitzplatz. Aber die Menge der mitfahrenden Bahnkunden in den Gängen machte die Zugfahrt eng. Zusammengepresst wie Heringe in der Dose, erduldeten wir alle – ob stehend oder sitzend – das angesagte Fahrgefühl im Nahverkehr mit dem 9-Euro-Ticket.

Zu unserer Unterkunft, Alpenhof Murnau:

Die Verpflegung, das kulinarische Erlebnis im Alpenhof Murnau, ist besonders erwähnenswert.

Morgens im Frühstücksraum – nach der Registrierung durch die Frühstücksaufsicht freundlich begrüßt und zum Platz geführt – können wir von einer Vielfalt an Brot, Gemüse, Obst, frischer Marmelade und hergerichteten Happen Fisch, Schinken, Wurst, Käse und Eier in allen Variationen auswählen. Selbstverständlich ist die leicht angewärmte Weißwurst mit der typisch bayrischen Brezel und dem süßen Senf auch dabei. Erstmalig in meinem Leben kann ich aus einer Bienenwabe ein Stück mit einem großen Löffel abtrennen und als Brotaufstrich „Bienenwabe mit goldenem Honig“ auf meinen gebutterten Laugenwecken streichen. Dazu gibt es allerlei Kaffeespezialitäten und Säften vom obligatorischen Orangensaft über Kirschen-, Tomaten- bis zum Roten-Beete-Saft. Keine Chance zum Abnehmen.

Die Drei-Gänge-Menüs zum Abend von Sonntag bis Donnerstag streicheln nicht nur den Gaumen und lassen die Geschmacksknospen jubilieren. Salat, Vorspeise (herrliche Suppen), Hauptgericht (zur Auswahl: Edelfische, variantenreich zubereitet, ebenso Ochsenfleisch und auch vegane Maultaschen und Ähnliches), Dessert (Variationen von Eis, Kuchen und Sorbet).

Aus der sehr umfangreichen Weinkarte wählen wir mal einen badischen Grauburgunder im Wechsel mit einem Riesling von der Mosel.

Ein weiteres Highlight in Murnau im Alpenhof ist die Wellnessabteilung: Es ist der Ort unserer Lieblingsbeschäftigung im Urlaub: saunieren, baden, faulenzen, neudeutsch auch als chillen bezeichnet.

Dazu ein kleiner Einblick. Keine Angst, wir zeigen hier keine nackte Haut, weder die eigene noch die der anderen Besucherinnen der Wellnessabteilung. Der Höhepunkt: Das „Peeling-Salz" zur Dampfsauna. Zum Einreiben der angeschwitzten Körper in der Dampfsauna (ca. 70 Grad) gab es in einem fingerhutgroßen Becherlein jeden Tag zwei „Salz"-Versionen: „Sportlich" und „Vanille". „Sportlich" soll die Lebensgeister locken und rocken und „Vanille" soll beruhigen und wirkt noch anders. Letzteres reiben wir zum letzten Dampfsaunagang am ganzen Körper ein.

Dann duftet Ursula wie eine Vanille-Schnitte und ich wie ein Vanille-Zipfel. Nachhaltig! Für einige Minuten danach.

Prima! Vanille-Time!

Am Donnerstag gibt es „Sportlich" und „Honig", sodass Ursula als Biene Maja und ich als Honig-Willi auftreten können. Zwischen den Saunagängen schwimmen wir oder liegen faul herum und lassen uns ein kühles Weißbier servieren.

Ursula ist – ich darf das neidisch feststellen – eine gute und ausdauernde Schwimmerin. Sie liegt und bewegt sich einfach eleganter und akzentuierter im Wasser. Auch nachhaltiger. Viel mehr als meine Wenigkeit bzw. meine zarte Schwergewichtigkeit.

Pfingstmontag, 06. Juni 2022. Wir spazieren durch Murnau. Das Dorf, oder, wie es Leserinnen nennen, das „Kulturdorf im Blauen Land“, ist ein sehr hügeliger Flecken. Ein Marktflecken. Heute führt der Ort die amtliche Bezeichnung „Murnau am Staffelsee“ und hat rund 12000 Einwohner. Die Berufsgenossenschaftliche Unfallklinik stellt den größten Arbeitgeber in der Region. Präsent vor Ort ist auch Bundeswehr, Polizei und die Forstdienststelle.

Wir spazieren an den farbenfrohen, denkmalgeschützten Häuserensembles des Ober- und Untermarktes vorbei. Das Rathaus mit seinen großen Flügeltüren erinnert an die Zeit als die Feuerwehr da noch ihr Domizil hatte. Die Maria-Hilf-Kirche, die Mariensäule und die kath. Pfarrkirche St. Nikolaus sehen wir aus der Ferne. Am Münter-Haus stellen wir die Öffnungszeiten fest: Dienstag bis Sonntag von 14:00 bis 17:00 Uhr.

Der Weg zum Murnauer Freibad am Staffelsee ist mühsam, nicht unbedingt im Hinunter-, aber wieder im Raufgehen. Die Tore zum Strandbad sind offen, andere mieteten sich einen Liegestuhl oder versuchten sich im Standpaddeln auf dem ruhigen See. Ursula watet im kniehohen Wasser und wir genießen den Aufenthalt auf einer Bank am Wasser unter den schattenspendenden Bäumen in südlicher Atmosphäre.

Dienstag, 07. Juni 2022. Ausflug zur Zugspitze. Wir fahren mit unserem 9-Euro-Ticket mit der Bahn nach Oberau, mit dem Schienenersatzverkehr gehts weiter nach Garmisch-Partenkirchen. Ein paar Tage zuvor war zwischen Oberau und Garmisch ein Zug entgleist, fünf Menschen starben. Die Aufräumarbeiten dauern noch.

Die Zahnradbahn und die Seilbahnfahrt zur Zugspitze und wieder ins Tal kosten extra. Kühl ist es, der Himmel voller Wolken, feuchte Luft umweht uns. Vom Bahnhof Garmisch-Partenkirchen über Hammersbach und Grainau geht es zum Eibsee. Dort steigen wir um in die Zahnradbahn, die uns dann über Riffelriß durch einen über zwei Kilometer langen Tunnel zur Gletscherstation bringt. Skifahrer oder Schlittenfahrer sehen wir keine. Es ist nasskalt und nur eine Schneeraupe bewegt den nassen Schnee zur Ski-Gletscherabfahrt. Uns und drei Japaner bringt die Gletscherseilbahn zur Zugspitze.

Der Zugspitzgipfel überragt mit seinen 2962 Metern alle Berge im südlichen Bayern und in Deutschland. Wir können das goldene Gipfelkreuz von der

„schönsten Dachterrasse“ Deutschlands auf Augenhöhe trotz der Nebelfetzen genießen. Die im Prospekt versprochene Fernsicht bis zu 250 Kilometer über 400 Alpengipfel in Deutschland, Österreich, Italien und der Schweiz ist uns nicht vergönnt. Durch den Nebel erahnen wir aber das unglaubliche Gefühl der Weite und Freiheit. Reinhard Meys „Über den Wolken …“ ist spürbar und zaubert ein Lächeln aufs Gesicht.

Auf der Terrasse kratze ich ein wenig Schnee zusammen, forme einen Schneeball und werfe ihn in die Höhe (nein, ich kann den Schneeball nicht über die magische Höhe von 3000 m werfen!).

Draußen spüren wir Schnee, Nebel, zarte Kälte und feuchte Luft. Im Inneren der Gipfelstation finden wir ein kleines Museum: „90 Jahre Zahnradbahn“: Spektakuläre Fotografien und historische Dokumente veranschaulichen die Entstehung.

Im Gipfelrestaurant „Panorama 2962“ – das höchstgelegene in Deutschland – wählen wir als kleinen Snack zünftig-bayrisches „Weißbier“ und bayrische Brezeln. Letztere sind etwas korpulenter als die schwäbischen Brezeln. Vor allem die „Ärmchen“ sind nicht so schlank und knusprig. Bayrische Brezeln haben eine eher barocke Art. Auf dem Augustiner-Bier in den Gläsern thronen Deutschlands höchstgelegene Schaumkronen.

Von der Zugspitze geht es dann mit der Zugspitz-Seilbahn hinab zum Eibsee. Eine Reise durch

Wolkenfetzen mit einigen überraschenden Durchblicken auf steile Felsen, Schneebrettern und ferne Seen.

Dieser vom Wetter nicht verwöhnte Ausflug auf den TOP OF GERMANY ist ein Spektakel besonderer Art, getreu dem Tourismusmotto im Blauen Land: >Aus Erholung ein Erlebnis machen<.

Mittwoch, 08. Juni 2022. Sonnenschein vom Morgen bis zum Abend.

Im Schlossmuseum Murnau (ehemaliges Pflegeschloss) erfahren wir viel über Gabriele Münter (1877-1962) und ihren Lehrer Wassily Kandinsky, mit dem sie eine enge persönliche Beziehung verband. Ihre expressive Malerei und die volkstümliche Hinterglasmalerei sind Zeichen einer künstlerisch fruchtbaren Zeit.

Als der Erste Weltkrieg die Trennung von Kandinsky mit sich brachte, führte sie ein wechselvolles Leben in Schweden und anderswo. Sie kehrte 1930 wieder nach Murnau zurück und heiratete den Kunsthistoriker Johanns Eichner. Bis zu ihrem Tod 1962 war sie künstlerisch aktiv.

Wassily Kandinsky (1866-1944) studierte zunächst Jura und Nationalökonomie, bevor er in München 1897 das Studium der Malerei aufnahm. Ausgehend vom „spät-impressionistischen“ Stil fand er in Murnau zur neuen expressiven Malerei. Mit Franc Marc arbeitete er ab 1911 auch an dem

Almanach „Der Blaue Reiter“. Kandinsky verfasste bedeutende Schriften zur Kunst im 20. Jahrhundert. Lehrte ab 1922 in Dessau am Bauhaus.

Bilder, Bücher und Texte erinnern im Museum noch an einen anderen Zeitgenossen in Murnau.

Der sprach- und weltgewandte Diplomatensohn Ödön von Horváth (1901-1938) lebte im Marktflecken Murnau von 1920 an. 1928 wurde sein Gesuch auf Einbürgerung in Bayern, bzw. ins Deutsche Reich, abgelehnt. Nach dem Streit mit einem ortsansässigen Nationalsozialisten musste er im Februar 1933 Murnau verlassen. Horváth erlebte in Murnau die Welt der kleinen Leute und den Aufstieg des Nationalsozialismus hautnah mit. Er war einerseits verliebt in die Idylle, sah aber auch dahinter die hässlichen und trügerischen Machenschaften. Er formulierte seine überdauernden Liebe zu Murnau: „auf dem Lande besteht die Gefahr des „romantisch Werdens“. Seine bekannten Volksstücke „Geschichten aus dem Wiener Wald“ (1931), „Kasimir und Karolin“ (1932), „Glaube, Liebe, Hoffnung“ (1933) entstanden alle in Murnau.

Er zählt zu den bedeutendsten deutschsprachigen Schriftstellern und Dramatikern des 20. Jahrhunderts. Sein früher Tod könnte eine Pointe in einem seiner Volksstücke sein: Nachdem er aus Deutschland vor den Nationalsozialisten geflohen war, traf ihn in Paris ein herabstürzender Ast.

Ich mag Horváth, seinen Humor, seine Abgeklärtheit und wie seine Formulierungen auch heute noch die Finger auf die Wunden der „Gesellschaft“ legen.

Vielleicht passt dazu die an einigen Ecken in Murnau vorzufindende Graffitis. Nicht auffallend groß, oft nur wie am Rande angemerkt: >freedom lives, when the state dies<.

Freiheit lebt (auf), wenn der Staat stirbt.

Donnerstag, 09. Juni 2022. Heute wollen wir eine gemütliche Wanderung durch das „Murnauer Moos“ genießen. Bewaffnet mit ordentlichem Schuhwerk und guter Laune, auch mit zwei großen Regenschirmen des Hotels.

Was wir schnell lernen: Mit den Kilometerangaben auf den Wegweisern muss man jonglieren. Sind es zuerst 4,8 km ohne Zielangabe, so sind es nach einer halben Stunde Wanderung fast neun km mit Zielangabe und zuletzt wird die Wanderung durch das Murnauer Moos bis wieder zurück ans Hotel gefühlte 15 km lang gewesen sein. Abends lesen wir dann im Ortsführer mit Plan „Murnau am Staffelsee“, dass der markierte Rundwanderweg für Erholungssuchende eine Länge von 12 km aufweist. Nicht zuletzt kommen wir aufgrund dem vielen Auf und Ab knapp vier Stunden unter wechselhafter Witterung an einem vorläufigen und unvermuteten Ziel an. In der gemütlichen, bayrischen Wirtschaft am „Ähndl“ stellen wir die Schirme in eine Ecke.

Es gibt Kaiserschmarren, auch Kässpätzle mit Salat (üppig), gutes Bier und Marillenlikör.

Das Murnauer Moos wurde 1964 zum Landschaftsschutzgebiet erklärt. Es ist mit seiner Ausdehnung auf 23 qkm, seinen Landschaftsformen sowie der Tier- und Pflanzenwelt einmalig in Mitteleuropa.

Von unserem Rundwanderweg überblicken wir dieses besondere „Moor". Nicht wie der Federsee in Bad Buchau, wo Schilf den See umgibt und Wald und feuchte Wiesen anzutreffen sind, ist das Murnauer Moos weithin eine Gräser-Landschaft, unterbrochen mit Buschreihen und Wassergräben. Zudem können wir vom etwas höher gelegenen „Murnau-Berggeist" das Alpenpanorama des Wettersteingebirges hinter den Regentropfen erblicken, zumindest vermuten.

Das „Ähndl" ist die St. Georgs-Kirche am „Tor" zum Naturschutzgebiet Murnauer Moos. Dieses Kirchlein steht bescheiden auf der Halbhöhe im Kirchengarten. Den gemauerten Altartisch aus dem Mittelalter, die spätmittelalterliche Skulpturen und das von 1663 datierte Hochaltarbild und die frühchristliche Eisenglocke (3./4.Jh) können wir nicht betrachten. Das Kirchlein ist geschlossen. Am Ende unserer Moorwanderung, auch mit der Einkehr in der Wirtschaft, dem stillen Kirchlein und der zuweilen anstrengenden und nassen Wanderung spüren und genießen wir ein weiteres Motto des

Urlaubsgebietes „Blaues Land“: >Zeit ist die schönste Währung<.

Für uns die Natur und die Kultur.

Freitag, 10. Juni 2022. Nach dem Auschecken, mit den Aufmerksamkeiten vom Hotel und von mir für Ursula, anlässlich ihres Geburtstages, fährt uns der Fahrdienst des Hotels am Morgen gegen 11 Uhr zum Bahnhof. Von dort fährt stündlich ein Extra-Regionalzug die Strecke Murnau-Oberammergau hin und zurück. In Oberammergau haben wir eine Pension in der Nähe des Bahnhofs. Schreiben Postkarten, erhalten die Eintrittskarten und allerlei Papiere, auch das Textbuch zu den Passionsspielen.

Das Passionstheater hat rund 4.500 Sitzplätze. Es ist weltweit die größte Freiluftbühne mit überdachtem Zuschauerraum.

Da sitzen wir in der 30. Reihe, Platz 71 und 72 und warten auf das beeindruckende Spektakel. Viele englischsprachige Zuschauer (aus Amerika, Europa und Asien) sind anwesend. Sie erhielten ein Textbuch in englischer Sprache.

Im ersten Teil des Spiels von 14:30 Uhr bis 17:00 Uhr werden nach dem Vorspiel 6 Vorstellungen, alle fließend ineinander übergehend, gezeigt:

Die Vertreibung aus dem Paradies – Einzug in Jerusalem.

Die Erniedrigung der Israeliten – Jesus in Bethanien.

Das goldene Kalb – Vertreibung der Händler aus dem Tempel Pilatus und Kaiphas.

Das rote Meer – Der hohe Rat Judas und Kaiphas.

Der brennende Dornbusch – Abendmahl.

Jesus am Ölberg.

In der Pause wird ein Drei-Gänge-Menü im Gasthof „Alte Post“ serviert. Zum Hauptgang kann man wählen zwischen „Ochsenbraten mit Knödel und Salat“ und „Kalbsgeschnetzeltes mit Reis und Salat“ oder ein veganes „One-Pot-Gericht mit Salat“. Als Dessert gibt es Obstsalat oder einen kleinen Kuchen.

Im zweiten Teil von 20:00 Uhr bis 22:30 Uhr werden weitere sechs Vorstellungen gezeigt:

Der Prophet Daniel in der Löwengrube – Die Verspottung des Hiob – Verhöre vor Annas und dem hohen Rat.

Kain und Abel – Jesus wird verspottet – Petrus verleugnet. Jesus – Judas‘ Verzweiflung.

Moses vor Pharao – Jesus vor Pilatus und Herodes.

Joseph deutet Pharaos Traum – Jesus Verurteilung durch Pilatus.

Isaaks Opferung auf dem Berg Moria – Die Rettung durch den Aufblick zur ehernen Schlange – Der Kreuzweg und die Kreuzigung. Am Grab.

Schon in der Pause nach dem ersten Teil wurde viel geklatscht. Jetzt, am Ende ist es ein tosender Beifall. Die Schauspieler erscheinen nicht mehr auf der Bühne, nehmen keinerlei Huldigungen an. Dies kann einen sehr einfachen, profanen Grund haben, wie Müdigkeit, Erschöpfung nach dem anstrengenden Spiel. Vielleicht soll aber das Spiel, die Botschaft, direkt vom Schluss her wirken und bei den Zuschauern innerlich was bewegen. Geklatsche und Bravo-Rufe sind da nicht angebracht. Die Oberammergauer Macher der Passionsspiele verstehen ihre Arbeit nicht als „museales Volkstheater". Die Spiele werden als Theater des Volkes für das Volk mit Hoffnung vermittelt. Zuversicht und Glaube an die Zukunft sollen bestärkt werden.

Im Foyer des 1900 erbauten Passionstheaters sind Bilder und Dokumente ausgestellt. In groben Zügen ist die Geschichte der Passionsspiele in Oberammergau von Beginn im Jahre 1633 bis heute dargestellt. Wie eine Nebensache wird darauf hingewiesen, dass sowohl die weltlichen Entscheidungsträger wie der Gemeinderat und die kirchlichen Würdenträger Einfluss haben auf die Besetzung der Rollen und die „Botschaft" des Spieles.

Das mag befremdlich klingen, aber hat sicher auch seine Berechtigung. Waren die Darstellungen vom Mittelalter bis vor dem Zweiten Weltkrieg stark davon geprägt, dass die Juden in diesem Stück für alles Böse verantwortlich sind. Judas war als „Verräter" der Vorzeigejude. Im aktuellen Spiel hat er eine andere Rolle. Judas wird als „verratener Verräter" gesehen. Er wollte, dass Jesus seine Botschaft vom neuen jüdischen Glauben der „Regierung“ verkünden konnte und keineswegs, dass dieser getötet wurde. Dass Judas – obwohl ihm verziehen wird – nur den Freitod wählen konnte, gefällt mir nicht. Ist aber auch nachvollziehbar. Das Dilemma des Judas! Aktuell!

Vom Anfang der Spiele bis zur Kreuzigung (im zweiten Teil) überlegte ich mir ernsthaft, ob ich wieder in die (evangelische) Kirche eintreten werde. Aber dann dachte ich an die derzeit kriegerische Auseinandersetzung in der Ukraine. An die Argumentationen der westlichen Politikerkreise. Einige führenden Kirchenfrauen und Männer in Deutschland unterstützen zum Teil überschwänglich diese Haltung. Sie unterstützen Waffenlieferungen in Form von schweren Waffen (was immer das auch ist!) an die ukrainische Regierung, damit deren junge Soldaten „angemessen“ gegen wohl gleichaltrige Russen kämpfen können. Feindbilder werden kreiert, menschlich verständlich, vom Interesse geleitet. Was bedeuten da Jesu Worte? Er predigt absolute Gewaltlosigkeit. Ist immer unbewaffnet. Einer seiner bekanntesten Sätze lautet: ‚Wer dich auf die linke Wange schlägt, dem halte die rechte hin‘. Er sagt nicht: Wehr dich nicht. Er sagt: Schlag nicht zurück.

Ist das ein Weg zum Frieden? Das ist eine Zumutung. Zum Scheitern verurteilt? Vielleicht ist es die einzige Möglichkeit, aber sie funktioniert nicht. Wir

Menschen halten sie nicht aus, persönlich nicht, auch nicht weltpolitisch. Verdrängt wird diese Möglichkeit immer wieder von den Gedanken, sich nicht alles gefallen zu lassen – und sich durch Bewaffnung und Gegengewalt schützen zu müssen. Was ist das Ende? Dem Frieden und dem Leben hilft es nicht. Ob in diesem Zusammenhang auch Cicero (106 - 43 v.Chr.) zitiert werden darf: ‚Ein ungerechter Friede ist besser als jeder gerechte Krieg'? Gerne hätte ich von den Kirchenverantwortlichen solche Worte gehört. Zum Bedenken! Ja, auch wenn die einzige Möglichkeit nicht funktioniert, daran denken kann Hoffnung wecken. Vielleicht haben wir dann die Botschaft verstanden.

Samstag, 11. Juni 2022. Heimfahrt nach ordentlichem Frühstück in der Pension. Eine Englisch sprechende junge Frau aus Rumänien bereitet das Frühstück für die Englisch sprechenden Gäste und uns vor. Dass dabei neben dem Frühstücksteller nur ein Messer und keine Gabel liegt, wir den englischen Gästen die Kaffeemaschine und den Müslispender erklären können und die junge Dame währenddessen auf dem Balkon mit der Katze spielt und schmust, zeigt, wie romantisch und völkerverbindend es zumindest am Morgen nach den Passionsspielen in Oberammergau zugehen kann. Den Zimmerschlüssel geben wir mit einem kurzen Gruß an der Pforte ab. Mit den rumpelnd rollenden Koffern geht es durch kleine Nebenstraßen Richtung Bahnhof. Die Sonne scheint und wir sind gespannt, was uns auf den Schienen der Deutschen Bundesbahn erwartet.

Hier die Reihenfolge der verschiedenen Nahverkehrszüge bei der Heimfahrt mit dem 9-Euro-Ticket von Oberammergau nach Stuttgart.

Oberammergau mit RB 63 ab 8.38 Uhr nach Murnau

Murnau an 9:19 Uhr

Murnau mit RB 6 ab 9:32 Uhr nach München-Pasing

Sitzplatz, wenig Mitreisende

München Passing an 10:19 Uhr

München Passing mit R 9 ab 10:49 Uhr nach Ulm

Wir haben Glück: der R 9 aus Ulm hatte ursprünglich den Hbf. in München zum Ziel. Wegen Verspätung fuhr er nur bis Pasing. So haben wir freie Sitzplatzwahl, ab Augsburg gab es dann viele (in den Gängen stehende) Mitreisende.

Ulm Hbf. an 12:37 Uhr

Ulm Hbf. mit MEX 16. ab 13:17

da Zugtoilette verstopft, umsteigen in Geislingen (erhitzter, übervoller Zug ab Ulm)

Stuttgart an 14:53 Uhr

Mit der Stadtbahn nach Degerloch, dann Taxi nach „Im Asemwald 60“.

Jetzt sind sie noch frisch und können noch ergänzt werden. Die Erinnerungen an unseren „Urlaub“ im blauen Land. Später werden manche Details verblassen, andere zum Vorschein kommen. Erinnerungen werden bleiben, wie auch einige aus unseren Jugendtagen. Die gelungenen und misslungenen Streiche, auch manches Geduldete, das nicht selten wehtat.

Erinnerungen bleiben – hoffentlich – sie geben den Menschen Kraft beim Älterwerden. Wir wissen, „Geschichte“ wiederholt sich nicht und taugt auch nicht als Spiegel zur Bewältigung der Gegenwart. Auch nicht zur Vorbereitung auf die nahe oder ferne Zukunft. Aber Erinnerungen kräftigen. Das lebendige Dasein beim und zum Älterwerden.

Dienstag, 21. Juni 2022. Der längste Tag! Ab nun werden die Tage wieder kürzer und die Nächte länger.

Am 22.06.2022 endet die Nacht hier im Asemwald mit dem Sonnenaufgang um 5:22 Uhr. Die Sonne geht um 21:29 Uhr unter. 31 Minuten bevor die „Heute-Nachrichten“ im ZDF das Neueste vom Tage berichtet.

Kurz vor der Sommerwelle ein Kurzprotokoll zur Covid-App auf unseren Smartphones.

Am 14.06. zeigten Ursulas und Manfreds Covid-App je eine grüne Kachel: leichtes Risiko mit mehreren Begegnungen am 10.06.

Am 16.06 zeigt Manfreds Covid-App eine rote Kachel: Hohes Risiko am 10.06. Ursulas grüne Kachel unverändert.

Heute, am 21.06. war bei Manfred keine rote Kachel und bei Ursula auch keine grüne Kachel mehr zu sehen.

Heute wollen wir uns erinnern: Vor 117 Jahren wurde Jean Paul Satre geboren. Ein Philosoph des Alltags, munkelt man. Wir glauben ihm, dass der Stuhl, den er zum Fenster hinauswarf, auch draußen noch ein Stuhl war. Wenn auch vielleicht kaputt und bei Regen nass. Auch dass der Honig, der an unseren Fingern klebt, uns deutlich macht, dass wir nur über das Kleben oder im Kleben in unserer Umwelt denkbar sind. Jean Paul, dieser Pariser Womanizer, lebte nicht unter den Brücken an der Seine. Er formulierte aber das Lebensgefühl der späteren Generationen: „Wir sind unglücklicher, dafür aber sympathischer." Wenn das nicht hilft! Eben! Voila!

Montag, 27. Juni 2022. Nochmals: Aktuelles zur Covid-App: Am Do. 23. 06. zeigte Manfreds Covid-App zwei Tage nach dem Verschwinden der letzten roten Kachel wieder eine rote Kachel: Neun Begegnungen an zehn Tagen mit erhöhtem Risiko. Zuletzt: am 20. 06. Dieselbe Anzeige auf bei Ursulas Covid-App.

Heute, am 27.06., zeigt die rote Kachel: Risiko Begegnungen an sechs Tagen, zuletzt am 22.06.

Krankheitssymptome haben wir keine, Tests erübrigen sich.

Mittwoch, 29. Juni 2022. Inzwischen tagten die Regierungschefs der sieben führenden Industrienationen des Westens (G7) zu Gast bei Kanzler Olaf Scholz auf Schloss Elmau (da fuhren wir bei unserer Fahrt am 7.06. vorbei) in den bayrischen Alpen drei Tage lang und haben ihre Unterstützung der „überfallenen Ukraine“ verkündet.

Zum Abschluss des Gipfels sagte Kanzler Scholz, das Treffen habe erneut die „Entschlossenheit und Geschlossenheit“ belegt, mit der die westlichen Staaten der russischen Aggression gegen die Ukraine entgegentreten.

So sollen noch in diesem Jahr fast 30 Milliarden an Budgethilfen zugunsten der Ukraine fließen. Der französische Präsident sagte in Elmau „Russland kann und darf nicht gewinnen.“ Viel Kapital wird dafür eingesetzt. Gibt es bei einem Krieg einen Gewinner? Nach einem Krieg gibt es vielleicht einen Sieger und einen Verlierer. Wie wird das „ausgezählt“? Wer mehr Soldaten und auch Zivilisten der Gegenseite getötet hat? Oder wer mehr kaputt gemacht hat?

Der Sieger ist nicht unbedingt der Gewinner. Auch wenn er ein Gebiet dem anderen Staat unrechtmäßig „weggenommen“ hat, hat er durch den Krieg mehr verloren als gewonnen. Meist sind es materielle

Dinge, die den Besitzer wechseln. Menschenleben werden auf beiden Seiten geopfert. Material wird gewonnen oder auch verloren, dafür müssen Menschen sterben. Gewinner? Verlierer?

Mit Geld, mit viel Geld kann man in einem Krieg Material gewinnen. Blöd ist nur: Alles gewonnene Material kann den Sohn der Mutter nicht mehr zurückbringen. Den Vater auch nicht mehr dem Sohn oder der Tochter. Blowing in the wind!

Sonntag, 3. Juli 2022. Jedes Jahr gibt es im Leben eines Menschen einen Tag, den man Geburtstag nennt. Heute ist es mein Geburtstag. Mein Geburtserinnerungstag. Heute vor vierundsiebzig Jahren kam ich im Blaubeurer Krankenhaus zur Welt. Ab nun sind die kommenden Tage, auch die Stunden, Teil meines fünfundsiebzigsten Jahres auf dieser Welt. Zum heutigen Tag erhielt ich einige Glückwunschbotschaften. Über WhatsApp, Facebook, Video-Chats, auch E-Mails gratulierten Freunde und Bekannte. Wenige Karten und Briefe erhielt ich auch. Mehr als die Hälfte dieser altmodischen Kommunikationsmedien erinnerten daran, dass ich bei den Absendern etwas gekauft hatte und gerne wieder was kaufen könne. Ich bedankte mich bei fast allen mit einer Grußbotschaft für ihre guten Wünsche.

Ein herrlicher Tag ist dieser Sonntag. Die Sonne scheint. Keine Wolke steht am Himmel. Um sieben

Uhr dreißig geht es mit den Walkingstöcken für eine Stunde durch den Wald und über die Feldwege. Um Neun gibt es Frühstück und von elf bis dreizehn Uhr sind wir beim Jazzmatinee, anlässlich des fünfzigsten Geburtstages der Asemwald-Wohnsiedlung. Fellbacher Riesling und kleine Imbisshappen werden gereicht.

Gegen Abend spielen wir noch eine Runde Tischtennis und lassen den Tag privat und innig zu Ende gehen.

MAN OH MAN
Man ist nur so jung,
wie man sich fühlt.
Man denkt nur so tief,
wie man sich wühlt.
Man kriegt nur so viel
wie man sich gibt.
Man lebt nur so lang,
wie man sich liebt.
Robert Gernhardt (1937-2006)

Dienstag, 5. Juli 2022. Wir wenden uns der Sprache zu, die der Autor von Kindesbeinen auf gelernt hat und auch nicht durch eine lange Schulzeit oder Reisen in die weite Welt übertönen kann. SCHWÄBISCH. Die Mundart schwäbisch ist in Blaubeuren eine andere als im benachbarten Schelklingen. Die Schelklinger Schwaben sagen Seele, weil sie katholisch sind und die evangelischen Schwaben in Blaubeuren sagen Sääle. Die in den schwäbischen Gauen beliebten Spätzle werden überall zu Schbäzzla. Die Polizei zur Bolezei und der Papa zum Babba. Viele Besonderheiten gibt es, wenn diese auch immer weniger werden, da die Bevölkerung im Ländle immer internationaler wird.

Die viel gerühmte Sparsamkeit der Schwaben ist beim Gebrauch von Buchstaben festzustellen. Sie können mit den zwei Buchstaben A und H fast alles sagen. Ganz nach dem Motto: „In der Kürze liegt die Würze!“ „Aha“, sagt der Schwabe, wenn ihm ein Licht aufgeht. Benutzt das Kind dagegen nur die beiden, sorgfältig getrennten As mit einem lauten, kurzen „A – a!“, dann gibt es für Babba und Mama kein heiteres Haha mehr, dann muss ein Töpfchen her oder die Windeln müssen gewechselt werden. „Ha“, heißt nichts anderes als „Was? Wie bitte?“ „A-ha“, genäselt, meint „ja, gut.“ „Ha-a“ oder „A-a“, doppelt nasaliert, das genaue Gegenteil: „Noi“ bzw. das entschiedene: „Nein, ums Verrecken nicht.“

Oft dienen die schwäbischen Ein-Wort-Sätze zur Klärung: „Ääba“, also „eben“ sagt, dass man einverstanden ist. Wer sein Staunen kundtun will, sagt „Hoi“ oder „Heidenei!“ oder „Sabberlodd“. Großes Erstaunen wird so kommentiert: „Sag no!“ oder „Jessas!“ und „Ui Jessas!“. Mit „Um Godds Willa“ ist der Schwabe schon gesprächig.

Vielleicht hört man dann noch einige „Jaja“ und „Soso“, „Jetzt sag!“ und „Ha noi“. Am Stammtisch heißt es „Brooscht“ und meint Prosit, wenn es den Stammtisch noch in der Dorfwirtschaft gibt.

Anders ist es bei wichtigen menschlichen Körperteilen. Da kennt der Schwabe die für ihn wesentlichen Varianten: Man hält das Haupt hoch, man denkt mit dem Kopf, aber man haut dem andern auf den Deez, auf den Meggl oder gleich auf den Kolben, die Birne oder auf den Grind, der „Grend“ gesprochen wird.

Und so nah wie Tod und Heiterkeit in dieser heimelig klingenden Mundart liegen, ist in den beiden Drohungen zu hören: „I mach de he“ („Ich bring dich um“) und „Ich lach me dood“ (Ich lache mich tot“).

So nah ist im schwäbischen das Tragische, Mafiösische und Mörderische dem Lachhaften. Gell!? Des isch zom Ufschnaufa!

Montag, 11. Juli 2022. Es muss ein tolles Fest gewesen sein. Drei Tage hat unser derzeitiger Finanzminister Christian Lindner mit seiner Auserwählten Hochzeit gefeiert. Oder sie mit ihm. Auf Sylt. Wie es sich gehört für die In-Leute. Im schwarzen offenen Porsche vorgefahren, war die ganze Politik-Prominenz dabei, vom Kanzler mit seiner Frau bis zum CDU-Vorsitzenden und Fraktionsführer der Opposition Merz mit seiner Frau. Diese sind mit dem Privatflugzeug eingeflogen. Im angesagten Kirchlein auf Sylt hörten sich das erklärtermaßen nicht kirchenchristliche Brautpaar und die anderen Gäste kluge oder so gemeinte Sätze eines gerade populären Philosophen an. Die Theologin Käßmann meckerte Tage danach, dass da kirchliche Hallen zu Eventlocations verkommen. Sicher wären auch die vielen 9-Euro-Touristen aus Berlin und der ganzen Republik gerne zum Kirchlein gekommen. Sie wurden von der Polizei und Ordnungskräften in fernere Strandabschnitte verwiesen.

Zufällig oder ungewollt wird nun gerade in dieser Zeit darüber diskutiert, dass in vielen Haushalten das Geld nicht reichen könnte, das gebraucht werde, um im Winter 22/23 warme Stuben zu haben. Da passt doch so ein unbescheidenes Fest dazu. Wir wollen nicht klagen und auch auf keinen Fall verzagen.

Die Sonderangebote bei Edeka und auch bei Rewe werden weniger. Alles wird 30 und sogar 50 Cent teurer. Der Liter Milch kostet 99 Cent. Käse, Nüsse, Obst und Gemüse, alles ist ab nun mehr wert, kostet mehr. Einen Nebeneffekt hat das auch bei mir. Ich freu mich riesig, wenn nun für kurze Zeit die Zitronen im Sonderangebot sind und ich das bemerke. Oder das Sesamknäckebrot immer noch 99 Cent kostet, obwohl alle andere Knäcke-Brotsorten bis zu 2 Euro 49 Cent kosten. Jetzt ist das Schnäppchen jagen wieder lustig. Ein Zeitvertreib für Rentner, die sich's leisten können. So oder so und deshalb.

Für unsere nächste Nebenkostenrechnung suche ich noch einen Abnehmer. Dieser darf aber auch gleich die notleidenden Tafelkunden großzügig unterstützen. Wir verzichten dann. Dass dazu der Porsche abgemeldet in der Garage stehen muss oder das Privatflugzeug für längere Zeit am Boden bleiben muss, nehme ich nicht an.

Mich wundert nur, dass bei den nächsten Wahlen – wie gehabt – immer noch die Leute gewählt werden, die mit ihrem Gehabe zeigen, dass ihnen das Volk so was von egal, schnurzegal, ist.

Focus online berichtet: Furcht vor der Energiekrise: 1,00 Euro =1,0052 US-Dollar. Unsere Währung stürzt auf tiefsten Stand seit 20 Jahren. Abwarten. Altern.

Es ist jetzt 17 Uhr und 45 Minuten und die Sonne scheint. Wolken stehen, bewegen sich sehr langsam gen Westen. Da warten wir, was der Abend bringt und wie morgen der neue Tag beginnt.

Mittwoch, 13. Juli 2022. Zu den aktuellen Nachrichten, den Horrorinformationen und freundlichen Berichten über das Wirken unserer Volksvertreter, und der einseitigen Berichterstattung über die kriegerischen Auseinandersetzungen in der Ukraine, erfahren wir in unserer Tageszeitung Erkenntnisse des Statistischen Landesamtes über das (lange) Leben der Bundesbürger. 2021 lebten in Baden-Württemberg fast 3100 Menschen, die 100 Jahre alt oder noch älter waren. Das sind 450 mehr als im Jahr davor. Von den mindestens Hundertjährigen waren 2451 weiblich und 639 männlich. Das entspricht: 80 Prozent Frauen und 20 Prozent Männer.

Bundesweit waren es 2021 gut 23.500 Menschen und damit etwa 3000 mehr als im Jahr davor in der Altersgruppe „100plus“ (davon 80,2 Prozent weiblich).

Hier noch eine kleine, delikate Geschichte zum Christsein im Schwabenland. Es ist auch ein Beitrag aus der Kiste „morbider Humor“ zum Altern.

Fritzle sei Opa hat sich's Läba gnomma. Uff dr Behne uffghenkt. Er muass end Schual und sei Muader sagt zu ehm, „du verzählscht net wia. Sag oifach: gstorba“.

Drausa kommt ehm dr Pfarrer entgega: „Ha, Fritzle, I hab net gwisst, dass dei Opa krank isch. Was hot er kett?“

„Oh, Herr Pfarrer, hm, den hot Ihr Schef mit dm Lasso gholt.“

(Fritzles Opa hat sich das Leben genommen, Er hat sich aufgehängt. Fritzle muss in die Schule und seine Mutter sagt: „Du sagst nicht, wie er es machte, sag einfach: Er ist gestorben."

Draußen kommt der Pfarrer ihm entgegen: „Ha Fritzle, ich habe nicht gewusst, dass dein Opa krank war. Was hat er denn gehabt?"

„Oh Herr Pfarrer, den hat Ihr Chef mit dem Lasso geholt.")

Donnerstag, 14. Juli 2022. Nicht, dass es schon trübsinnig wäre, aber der Sahara-Staub hat sich auch in unsere Breitengrade gewirbelt und Mücken aller Art haben ihre Spuren an die Fenster geklebt. Von dunkelbraun bis hellgelb, ungefähr mit einem Durchmesser eines Millimeters. Die einzelnen Staubkörner aus dem Norden des afrikanischen Kontinents haben diese Ausmaße nicht erreicht. Dafür sind die kleineren Körner so zahlreich auf den horizontalen Flächen außerhalb und um die Fenster herum und sonstigen Flächen in ihrem typischen Saharabeige zu sehen.

Die Heuschnupfenverursacher, die Pollen der Gräser und Blüten, haben heute nicht mehr ihre hohe Zeit.

An der Zeit ist aber, die Spuren des Staubes der Sahara, der Blüten, der Gräser und der Mücken auf und bei den Fenstern zu entfernen. Die Spuren wegzuputzen. Freie Sicht in die Natur, ein abgestaubter und Mückenschiss befreiter Durchblick soll es sein. So geht's: Erst wird mit dem Generalreiniger und einem Lappen das Grobe weggemacht und dann mit Glasreiniger (leicht alkoholisiert: die Sprühflüssigkeit, nicht der Fensterputzer!) die Scheibe besprüht. Einen Fensterabzieher mit einwandfreiem Gummirand lässt man unter leichtem Druck über die Scheibe gleiten und entfernt so die gesprühte Flüssigkeit mit samt ihren aufgenommenen Dreckpartikeln. Anschließend sorgt ein Reiben mit Papierfetzen für die Reinheit der Scheiben.

Nicht vergessen: Die Fenster müssen auf der Innenseite und auf der Außenseite gereinigt werden!

Wichtig ist danach das Aufräumen der kleinen Leiter, des Glasreinigers, der Handschuhe (wenn man welche benützt hat), das Wegschütten des Putzwassers und das Auswringen des Lappens.

Fensterputzen ist wie der Großputz eine regelmäßig anfallende Arbeit. Oft einmalig im Jahr. In manchen Haushalten auch zwei Mal. Eher selten oder unbemerkt kommen Haushalte damit klar, die durchblickverschaffende Aktion regelmäßig ins nächste Jahr zu verschieben. Fensterputzen hat und ist Tradition. Und wer den Durchblick liebt und seine Heimat schätzt und gerne das Draußen anschaut, pflegt die Tradition.

Traditionen entstehen über Jahre hinweg, man sieht es zum Beispiel daran, dass Bayern München traditionell seit vielen Jahren die Schale zur

Deutschen Meisterschaft im Fußball überreicht bekommt. Daran kann man sich ein Beispiel nehmen.

Wenn ständig und immer wiederkehrend Gerüchte auftauchen, welche angeblich der Gesundheit dienen, sind das oft Fake-Gerüchte. Keine Tradition! Nix, was wir in Ehren halten sollten. So was Falsches wie die Fakes stirbt nicht aus, kann aber meist so mir nix, dir nix widerlegt werden. Oder? Ein Beispiel: Die „1000-Schuss-Theorie“ ist ein solches Gerücht, ein Fake! Um was geht es? Seit ewigen Zeiten wird in bestimmten Kulturkreisen den pubertierenden und fast erwachsenen Burschen gesagt, geht sparsam damit um, ihr braucht es noch. Jeder Mann hat 1000 Schuss in den Hoden. Wenn ihr diese schon jetzt herausholt, fehlt euch der Schuss, wenn ihr als Erwachsene einen Orgasmus braucht. Das ist sicher gut gemeint, wahrscheinlich sollte das oft ausufernde Masturbieren verhindert werden. Vielleicht auch dazu angehalten werden, seinen Samenerguss im frühen Erwachsenenalter nicht zu oft und zu wild zu praktizieren. Auch nicht unbedingt unter der Dusche oder so.

Dr. Sommer der Jugendzeitschrift Bravo hat sich damals sehr bemüht, die Mädels und Jungs aufzuklären.

„1000-mal berührt und nichts passiert!“ singt dazu Klaus Lage.

Da können Ältere nur mit den Achseln zucken. Es sind zwar sehr wenige, die eine lückenlose

Dokumentation ihres Orgasmen Erlebens vorzeigen können. Was aber wissen wir? Was können wir gestehen? Ob wir je 1000 Schuss abgefeuert haben, oder ein Vielfaches davon? Oder weniger? Das kann ein jeder für sich überlegen. Vielleicht hilft unsere Rechenfähigkeit, speziell zur Division, um den wichtigen Zahlen auf den Grund zu gehen. Nehmen wir an, dass nach Geschlechtsreife ein Mann für mindestens 30 Jahre Gelegenheit und Lust auf einen Orgasmus hat. Dann könnten wir die 1000 Schuss auf diese Jahre verteilen. Das würde bedeuten, er kann sich 30 Jahre lang jedes Jahr ca. 34 davon leisten. Hm, und wenn er mit seiner Frau vier Mal jede Woche den Orgasmus zelebriert, dann könnten sie dies 250 Wochen lang genießen. Das sind nicht mal ganze fünf Jahre. Naja. Ist doch egal. Hauptsache, es hat Spaß gemacht. Die Rechnerei. Oder was? Meistens.

Da jede Generation im pubertären Dasein mit dieser 1000-Schuss-Theorie konfrontiert wird, lässt dahinter ein traditionelles Element vermuten. Entstehen solche Traditionen, die ewigen Wiederholungen aus Langeweile oder weil einem nichts Besseres einfällt?

Dienstag, 19. Juli 2022. Zeitungstitel: Hitzeschock in Deutschland: Lokal drohen bis zu 40 Grad, auch der Norden schwitzt. Extreme Trockenheit: Höchste Waldbrandgefahr in Teilen Deutschlands.

Waldbrand in der Sächsischen Schweiz – Ermittlungen wegen Bandstiftung. Ein heißer Tag.

Nicht unbemerkt und auch hitzig sind die Nachrichten heute zu den kriegerischen Auseinandersetzungen in der Ukraine: Ex-Minister Schily wirft Teilen der Deutschen Kriegsverherrlichung vor und schlägt vor, dass die Ukraine unabhängig bleiben soll, wie die Schweiz. Selenskyi entlässt 28 Geheimdienstoffiziere. Auch sein Geheimdienstchef und die Generalstaatanwältin sind seit gestern suspendiert.

Opposition in der Ukraine formiert sich.

Dazu lassen wir John Lennon (1940-1980, Musiker The Beatles, Friedensaktivist) sagen: „Frieden ist nichts, was du dir wünschst; es ist etwas, das du machst, etwas, das du tust; etwas, das du bist und etwas, das du verschenkst."

Ach so! Vielleicht? Doch!

Montag, 25. Juli 2022. „Incredible!" Der dänische Berufsradfahrer Jonas Vingegaard (25) wiederholte dieses „Unglaublich" immer wieder, nachdem er gestern die 109. Tour de France 2022 gewonnen hatte. Positiv!

Vom 1.7. bis zum 24.7.2022 waren zu Beginn 176 Fahrer auf dem Rundkurs, beginnend im dänischen Kopenhagen mit Etappen in Belgien und der Schweiz durch Frankreich unterwegs. Nach 3350 km in der Ebene, in den Bergen der Alpen und

Pyrenäen kamen 135 in Paris ans Ziel. Die Durchschnittsgeschwindigkeit der Radler wurde errechnet: 42,106 km/h.

Heute gab es schon kritische Stimmen. Vielleicht weil Vingegaard und seine Helfer alle „Siegertrikots“ abgeräumt haben und die schnellste Tour überhaupt gefahren wurde. Die Tour ein großes Spektakel mit Zweifeln? Fahrradfahren ist anscheinend immer noch eine Frage des Dopings. Kann sein. Ist vielleicht. Unglaublich!

Ich habe die Tour an fast allen Tagen am Fernseher verfolgt. Schon Ende der 1960er Jahre konnte diese Tour in einer Sendung live am Spätnachmittag verfolgt werden. Herrliche Landschaftsaufnahmen, spannende Rennepisoden.

Wie damals, so auch heute: Von 16:00 Uhr bis kurz vor 18:00 Uhr fiebere ich mit den Helden auf ihren Rennmaschinen mit. Unglaublich! Das ist Seelenpflege pur! Fast zwei Stunden am Tag ohne Meldungen zu den kriegerischen Auseinandersetzungen in der Ukraine, ohne Überlegungen zur Corona-Pandemie, ohne Inflation und ohne Zukunftsangst. Unglaublich! Danke! Irgendwie war‘s wie damals. In der frühen Jugend im Elternhaus, im Internat im Gruppenraum, später im Studentenwohnheim. Danke! Unglaublich. Abschalten durch Einschalten! Vielleicht ist das ein kleiner Schritt, um aus dcn Gedanken des Elends herauszutreten.

Ist das der Weg, den wir im Alter weitergehen sollten? Beim Altern? Hin zur Zerstreuung durch Kultur? Ablenkung durch Musik? Betrachten von Gemälden, Statuen und Bauwerken? Hin zum Sport? Aktiv auf den Straßen, draußen im Gelände und passiv in der Sitz-Liegeposition vor dem Fernseher?

Dienstag, 27. Juli 2022. Tagtäglich beim Einkaufen oder sonst wo außer Haus, heute seltener als vor Jahrzehnten, wird im Schwabenland Dialekt gehört, gesprochen und verstanden oder auch nicht. Dazu eine kleine Geschichte: Ein Busfahrer will klären, ob alle Reisenden wieder im Bus sind und fragt: „Send älle henna?"

Eine weibliche Stimme aus dem Hintergrund: „Noi, do send au a paar Goggeler dabei!"

(Kleines Wörterbuch deutsch/schwäbisch: Sind alle im Bus? henna = Hühner und (schw.) = drinnen.

Goggeler = Hahn, männl. Goggel (schwäb.) = ein Mann, der sich sehr männlich gibt und auf sexuelle Abenteuer aus ist.)

Nun ist das Schreiben immer auch eine Auseinandersetzung mit der Sprache. Meist soll das Geschriebene Leser/innen finden. Unter Beachtung der derzeit geltenden Rechtschreib- und Grammatikregeln soll der Text verständlich, auch spannend, sein. Leser und Leserinnen sollen dieses Hingeschriebene nicht nur verstehen, sondern auch interessant finden, weiterlesen und sich eigene Gedanken zum Text machen.

Der amerikanische Schriftsteller Ernest Hemingway (1899-1961) zeigt, was die Grundlage eines erfolgreichen Textes ist: „Man braucht zwei Jahre, um sprechen zu lernen, und fünfzig, um schweigen zu lernen.“ Wenn der Autor weiß, wo er im Text die Gedankengänge, auch Handlungen seiner Figuren nur andeuten muss, um die Fantasie von Leserin und Leser herauszufordern, dann gewinnt sein Text an Spannung und beteiligt diese Lesenden an der Geschichte. Auch die Bedeutung der Wörter ist zu beachten. Dazu der Dialog Antons mit seiner Mutter:

Anton: „Mami, ist der Stille Ozean wirklich ganz still?“

Mutter: „Anton, kannst du nicht mal was vernünftiges fragen?“

Anton: „Hm. O.k. Wann ist das Tote Meer gestorben?“

Donnerstag, 28. Juli 2022. Es sind meist die kleinen Bemerkungen am Rande unserer Presseprodukte, die uns zu neuen, auch überraschenden Einsichten führen. Nicht die groß aufgemachten Seiten über kriegerische Auseinandersetzungen, über Rücktritte in Politik und Show, peinliche Auseinandersetzungen von Promis aller Art. Es sind die Bemerkungen am Rande. Am Rande und unten auf der 14. Seite der Tageszeitung.

Wir erfahren, dass in diesem Jahr Ende März in Deutschland und weltweit am 29. Juli der „Erdüberlastungstag“ ist. Er soll daran erinnern, dass die Menschen ab diesem Tag mehr der natürlichen Ressourcen beanspruchen, als uns die Welt in einem Jahr zur Verfügung stellen kann. Wir leben also ab diesem Datum auf Pump.

Derzeit gibt es rund acht Milliarden Menschen auf dieser Welt. Weil die Weltbevölkerung stark zugenommen hat, haben sich auch die Probleme so gehäuft, dass wir zur Lösung eines Problems immer ein anderes vergrößern mussten. Bis zum „Erdüberlastungstag“ haben wir in diesem Jahr so viele Rohstoffe verbraucht, wie das ganze Jahr nachwachsen kann. Die Erde kann nur rund 4,6 Milliarden Menschen ernähren. Es gibt also 3,4 Milliarden Menschen zu viel. Müssen wir die Weltbevölkerung möglichst schnell verkleinern, ehe wir eine vage Aussicht auf die Lösung der Probleme haben? Auch sind die Probleme mit dem Hunger und dem umweltschädigenden Plastik dabei noch nicht gelöst.

Die Umwelt– und Entwicklungsorganisation Germanwatch stellt fest: „Momentan verbraucht die Menschheit rechnerisch 1,75 Erden (im Jahr). Die Konsequenzen dieser Übernutzung bürden wir insbesondere den Armen heute und den nachfolgenden

Generationen auf – und das mit wachsender Intensität."

Der britische Wissenschaftler James Lovelock ist Miturheber der Gaia-Hypothese. Diese ist ein wichtiger Beitrag zur Erklärung der Erdgeschichte, zur Ökologie.

Die These thematisiert: Die Erde ist ein sich selbst regulierender Organismus, der aus all seinen Lebensformen besteht und fungiert. Lovelock dazu: „Viele Menschen halten es für unsere wichtigste Aufgabe, den Planeten zu retten, aber das ist mit Sicherheit vermessen." Wir seien zwar eine mächtige Spezies, aber nur Teil eines noch viel mächtigeren Systems. Unser Bemühen um Klimaschutz und Ressourcensparen wird – wenn nicht schon durch die unsäglichen Gewaltaktionen der Menschen untereinander, den kriegerischen Auseinandersetzungen privater und staatlicher Art – zur Farce. Wir können durch unsere Aktionen immer nur einen Teil dieser Erde „retten". Da ist es angebracht, ein wenig bescheidener aufzutreten, wenn man wieder mal für und um die bessere Erde kämpft. Oder wird da für eine Welt gekämpft, „wie sie mir gefällt, und wenn ich damit dir die Lebensfreude nehme"? Vielleicht hören wir auch viel zu wenig über den Magnetismus der Erde, welcher sich derzeit in seinem Wirken verändert.

Auch mit Blick auf die Weltenzeit ist vieles relativ und zeigt die Beschränktheit des menschlichen

Wirkens. Würde man die ganze Erdgeschichte von rund 4,5 Milliarden Jahren in einen Tag von 24 Stunden packen, entsprächen die rund 300.000 Jahre, in denen der moderne Mensch bis jetzt die Erde bevölkert, gerade mal sechs Sekunden.

Und die Zeit, in der wir altern? Liegt diese im Bereich von Millionstel Sekunden? Ist da was? War da was? Wichtig?

(Literaturhinweis zur GAIA-Hypothese: Jim. E. Lovelook: Unsere Erde wird überleben GAIA, eine optimistische Ökologie München 1982)

Freitag, 29. Juli 2022. Nix Quälendes, nix, was an die Nerven geht. Kein Horror heute! Heute ist der „Tag des Lippenstifts“. Manche mögen's. Begleitet uns dieser Stift zwar nicht jeden Tag, aber doch seit unserer Jugendzeit. Nicht vergessen haben wir dabei die berühmteste aller Blondinen mit rotem Kussmund: Marilyn Monroe. Sie starb 36 Jahre jung vor 60 Jahren.

Ein Blick zurück auf das mittlerweile meistverkaufte Schönheitsprodukt kann selbst uns in den späten Jahren zu speziellen Erinnerungen verhelfen. Vielleicht. Amüsant ist's auf jeden Fall.

1883, bei der Weltausstellung in Amsterdam, wurde er präsentiert und dann trat er seinen Siegeszug an. Der Lippenstift. Franz.: rouge à lèvres. Engl.: Lipstick.

Schon im alten Ägypten malten sich Männer und Frauen an: Den karminroten Farbstoff erhielten sie aus zerquetschten Schildläusen. Im antiken Griechenland machten Prostituierte mit roter Lippenfarbe auf ihren Beruf aufmerksam.

Ab 1890 wurde der immer alltagstauglichere Lippenstift zu einem wichtigen Accessoire der Theater- und Filmdiven.

Später zeigten die roten Lippen nicht in erster Linie die erotische Wirkung, sondern waren Zeichen der Emanzipation. Rote Lippen waren ein politisches Statement. Mit knallroten Lippen zogen sie 1913 durch Washington und kämpften für das Frauenwahlrecht. Im Zweiten Weltkrieg sollten die amerikanischen und britischen Soldatinnen mit dem „Vicory Red“ und „Patriot Red“ ihren Durchhaltewillen zeigen und sich so auch von den meist ungeschminkten deutschen Frauen absetzen.

Die Erfindung des Drehlippenstiftes 1949 machte rote Lippen dann zum alltäglichen Statussymbol der emanzipierten und erotischen Frau. Manche mögen's rot! Unterschiedliche Farbtöne. Deutsche favorisierten Korallenrot. Und 7,28 Millionen deutsche Frauen (ab 14 Jahre) benutzten 2021 täglich Lippenstift. Und aus dem Radio dudelte es auffordernd: „Rote Lippen sollst du küssen, denn zum Küssen sind sie da …“

Erinnerst du dich an dein erstes Mal? Als du mit einem roten Kussfleck auf deinem schönen Hemd an deinen Eltern vorbeigeschlichen bist? Wie du hofftest, dass dein sorgfältig geschminkter Kussmund deinem Verehrer auch schmeckt? Das waren noch Zeiten! Manche mögen's immer noch rot!

Montag, 2. August 2022. Sonnenaufgang: 5:59 Uhr Sonnenuntergang: 21:00 Uhr.

Die Sonne scheint, durchziehende Quellwolken. Trocken und sehr warm bis heiß bei 29 bis 32 Grad am Nachmittag. Meist schwacher Nordwestwind, in der Nacht wieder gering bewölkt und niederschlagsfrei.

Schon beim Frühstückskaffee um sechs Uhr in der Früh lese ich einen Zeitungsartikel zum Thema: „Lebenserwartungen der Deutschen". Auch wenn der Tag noch sehr jung ist, bewegt das Thema Ältere (vgl. 5.03.22 und 21.5.22 Todesanzeigen, 13.7.22 Hundertjährige und weitere).

Das Statistische Bundesamt errechnet die Lebenserwartung bei Geburt. Derzeit ist diese Lebenserwartung, auch Sterbealter genannt, bei Frauen 83,2 Jahre und 78,2 Jahre bei Männern.

Zur Lebenserwartung bei Geburt liegen seit der Gründung des Deutschen Reichs 1871 Daten vor. Damals lag sie bei 35,6 Jahren für Männer und 38,5 Jahren bei Frauen.

Die niedrigen Werte haben mit der hohen Säuglingssterblichkeit zu tun – damals starb ein Viertel der Neugeborenen im ersten Lebensjahr.

Wie alt die Menschen tatsächlich werden, ist am durchschnittlichen Sterbealter abzulesen. Ohne die im ersten Lebensjahr Verstorbenen war lange Zeit ein Sterbealter von etwa 60 Jahren normal. 1956 betrug es 62 Jahre für Männer und 66 Jahre für Frauen, 2020 waren es schon 76 beziehungsweise 82 Jahre. Menschen in Deutschland werden heute also im Schnitt rund 15 Jahre älter als die Generation zuvor. Seit fünfzig Jahren stieg die Lebenserwartung konstant. Gründe dafür sind vielfältig: medizinische Versorgung, Hygiene, Ernährung und Wohnsituation, Arbeitsbedingungen und gestiegener materieller Wohlstand. Aber auch weniger Tabak- und Alkoholkonsum, weniger Suizide und weniger übergewichtige Kinder und Jugendliche.

Bundesweit ist die Lebenserwartung in Baden-Württemberg am höchsten. Männer werden hier mit 79,9 Jahren rechnerisch rund drei Jahre älter als die im „Schlusslicht" Sachsen-Anhalt, Frauen mit 84,2 Jahren zwei Jahre älter als im Saarland, wo Frauen die geringste Lebenserwartung haben.

Im europaweiten Vergleich sind die deutschen Werte bei der Geburt Mittelmaß. In der Schweiz liegt die Erwartung für Jungen um drei Jahre höher (81,9 Jahre) als hierzulande – die höchste Lebenserwartung für Jungen in Europa. Mädchen haben in Spanien mit durchschnittlich 86,2 Jahren europaweit die höchste Lebenserwartung. International liegt die Lebenserwartung für Mädchen in Japan höher – 87,2 Jahre. Bei den Jungen liegt sie dort mit 81,4 Jahren, hinter dem Wert der Schweiz.

Da schauen wir im Schwabenland Erinnerungsfotos an und merken: „S'isch scho komisch, dass mr uff de eldeschde Bilder am jongschda aussiad“ (es ist schon komisch, dass man auf den ältesten Bildern am jüngsten aussieht).

Donnerstag, 4. August 2022. Heute vor sechzig Jahren ist Marilyn Monroe, mit bürgerlichem Namen Norma Jeanne Baker, gestorben. Nicht, dass ich dies damals schon registrierte, ich war erst vierzehn Jahre alt und lebte in der schwäbischen Provinz beziehungsweise im Internat im badischen Bauland bei Möckmühl. Diese Marilyn wurde in den Jahrzehnten danach zu einer Ikone stilisiert, zum archetypischen Sexsymbol des 20. Jahrhunderts. Noch heute wird man darauf hingewiesen, was für ein Wunderweib sie war und ist. Immer wieder wurden wir in den letzten Jahrzehnten mit Geschichten über diese so früh gestorbene „Sexbombe“ belehrt. Marilyn Monroe, geb. am 1.6.1926 in Los Angeles, liebte die Männer, war drei Mal verheiratet, war Filmschauspielerin, begeisterte Prominente und war auch in Europa nicht nur für die nachpubertierenden Männer ein Traum. Manch einer hatte ein Bild von ihr in seinem Spind oder an der Wand. Sie war Weltstar und Pop Ikone, 166 cm groß, blond, blaue Augen, konnte launisch sein und war unzuverlässig.

In der letzten Phase ihres Lebens litt sie an Depressionen. Sie starb an einer Überdosis Barbiturate. Die genaueren Umstände des Todes am 4.8.1962 sind bis heute ungeklärt. Das Frauenbild Marilyn begleitete uns, sicher war es für uns nicht unbedingt alltagstauglich. Aber schön wars! Ist es heute, bei all den Bewegungen des MeToo, des Genderns, der Queers und Trans nicht mehr opportun, von Marilyn zu schwärmen? Manche mögen‘s heiß! Immer noch!

Ebenso vor sechzig Jahren machte sich die „brutalste Band der Welt“ sich auf, Musik in einer besonderen Dimension zu leben: Die Rolling Stones. Die nun rund 80-jährigen Rolling Stones feierten mit ihren meist kaum jüngeren Fans zum Abschluss ihrer Jubiläums-Europatournee 2022 auf der Waldbühne in Berlin.

Vor 57 Jahren endete ihr Auftritt dort mit einigen Verletzten und einer demolierten Waldbühne, die jahrelang nicht mehr bespielbar war. Heuer haben sich die Rolling Stones auf der Bühne zwar in ihrer explosiven Art ausgetobt, sind aber friedlicher geworden. Ist es ein Zeichen des Alterns?

Was werden wir den Jungen entgegnen, wenn diese uns aufzeigen, dass wir schon viel zu alt sind, um die modernen Strömungen des Miteinanders noch auszuleben? Vielleicht so: „Kommet ihr no noch, I war scho jong, aber ihr no et alt.“ (Kommt nur nach, ich war schon jung, aber ihr noch nicht alt.)

Montag, 8. August 2022. Heute will ich ins Blaue treffen. Zeitlos, erdverbunden und vogelfrei. Gedanken sammeln, nicht sinnieren. Wirr und frei. Einerlei, viel dabei. Mittendrin, außer Rand und Band. Klar, trüb und nebulös.

„You don't always need a plan. Sometimes you just need to breathe, relax, let go and see what happens". Shit happens!? Oder was? Bei all der gelobten Planlosigkeit wird doch ein geschriebener Text erst „voll und rund", wenn er von den Lesenden verstanden wird. Da kann uns Heinrich Heine trösten und Mut machen zugleich. Geschriebenes soll gelesen und verstanden werden. Aus seiner ‚Harzreise' (1824): „Das ist schön bei den Deutschen: Keiner ist so verrückt, dass er nicht einen findet, der ihn versteht".

Aus dem Schwabenland gibt es dazu Ratschläge, Werbeslogans und besondere Sprachkonstruktionen:

„Wenn mr elder wurd, no muaß mr d'Händ regelmäßig eicrema, damit mr wieder a g'schlachts Häutle kriagt".

(wenn man älter wird, sollte man die Hände regelmäßig eincremen, damit man wieder ein feines Häutchen hat.)

Ein schwäbischer Schützenverein in * (wird nicht genannt) wirbt sehr eindringlich mit einem erheiternden Motto:

„Schießen lernen – Freunde treffen“.

Weiter hört man, je nach Notwendigkeit oder Laune schwäbische Kontradiktionen, die hier im Ländle und darüber hinaus verstanden werden:

Deant schnell langsam! (Macht schnell langsam!)

Lasset's ruhig kracha! (Macht ruhig Krach!)

Fanget (endlich) an zom aufhöra! (Beginnt aufzuhören!)

Trenket voll leer! (Trinkt‘ alles aus!)

Donnerstag, 11. August 2022. Es gibt immer wieder Momente, da zweifle ich, ob Geschriebenes Wirkung zeitigt. Gleichzeitig erinnere ich mich daran, wie mich die Welt der Bücher immer wieder beeinflusst.

So soll auch das hier Geschriebene die Leserinnen und Leser einfangen, anregen und auffordern. Ist es auch ein Versuch, die Welt nach meinem opportunen Denken zurechtzurücken? Fakten werden aneinandergereiht, wie werden sie bewertet? Hilft hier das Altern? Die Altersweisheit? Was?

Es dauert nicht mehr lange, dann wird's herbstlich, bunt und neblig. Drum wenden wir uns noch einmal dem Großen und Ganzen dieser Erde zu. Dieses Große und Ganze findet sich in absolut kleinen Lebewesen wieder. Und gut ist's.

20 Billiarden Ameisen leben auf der Erde. Auf einen Menschen kommen 2,5 Millionen Insekten.

Am Donnerstag 28.07.22 wird berichtet, dass die Erde – unsere Erde – ein sich selbst regulierender Organismus ist. Der Mensch sei ein Teil des selbst regulierenden Organismus. Es sei vermessen oder gar arrogant, wenn ein Teil dieses Organismus' meint, den Planeten retten zu können. Die Erde organisiert oder entwickelt sich mit allen Teilen. Auch die 20 Billiarden Ameisen tragen dazu bei, die Erde zumindest ein Stück weit bis zum Ende zu organisieren. Schön, dass zu wissen. Wissen im Altern kann beruhigen. Man weiß und gut ist. Weiteres wird dann folgende Frage klären: Welche Bedeutung haben die Bakterien im menschlichen Körper beim Organisieren der Erde? Schließlich trägt jeder Erwachsene ungefähr zwei Kilogramm Bakterien in sich herum. Gute Frage. Vielleicht.

Mittwoch, 17. August 2022. Schön ist das, es plätschert nur so dahin. Oder eben auch nicht. Die große Dürre wird beklagt. Der Rhein führt nur noch wenig Wasser. Die gewerbliche- und die Personen-Schifffahrt fährt nicht mehr. Die Schleusen im Spreewald sind geschlossen. Der Hauptstrom soll nicht austrocknen, und in den Seitenarmen sind alle Tümpel nur noch trockene Erdlöcher.

Weser, Main, Mosel und die Donau melden tiefsten Wasserstand seit unzähligen Jahren. Auch am

Bodensee sind am Ufer breite, trockene Sand- und Steinbanken entstanden. In den kleineren Seen und Weiher im Lande haben Fische kaum noch Überlebenschancen.

Es ist heiß. Und alles wird teurer. Lebensmittel ebenso wie alltägliche Gebrauchsgegenstände, auch das Bier in der Kneipe um die Ecke, der Imbiss, die Pizza und das Drei-Gänge-Menü. Ob beim Italiener am Lindenplatz oder in der Höhengaststätte.

Letztlich führen die Pandemie mit den Maßnahmen gegen sie, die kriegerischen Auseinandersetzungen in der Ukraine mit den Maßnahmen zur Bekämpfung des Aggressors hin zu höheren Lebenshaltungskosten. Wem fällt da nicht der Gassenhauer ein: „Wer soll das bezahlen, wer hat so viel Geld?"

Vielleicht – und es ist die Hoffnung, die angeblich zuletzt stirbt – kann ich zum Schluss darüber berichten, dass noch ein Friedensabkommen, ein Waffenstillstand erreicht wird. Bis Ende September 2022?

Am heutigen Tag sind es gerade 175 Tage, in denen unsere Presse vom Krieg in der uns fernen Ukraine berichtet. Ich freue mich jeden Tag, wenn in den Kurznachrichten im Radio und Fernsehen kein Wort darüber verloren wird. Leider gibt es nur selten solche Tage. Beschämend ist, dass die Berichte von den todbringenden Anschlägen in Palästina und Israel, von dem Terrorregime in Mali, von den unterdrückten Frauen in Afghanistan wie eine zu vernachlässigende Angelegenheit wahrgenommen werden.

Gerne lassen wir uns aber von den Sportsendungen ablenken. Auch Reiseberichte, Krimis, Rätselsendungen und anderes sind da willkommen.

Die Hoffnung stirbt zuletzt. Und die Enttäuschung lebt jeden Tag. Auch beim Altern.

Montag, 22. August 2022. Am Wochenende waren wir in München. Auf dem ehemaligen Olympiagelände fanden bis Sonntag die European Championships statt. Im Biergarten am Olympiasee gab‘s ein Helles und eine Brezel. Am Samstagmorgen regnete es und wir fuhren mit der S-Bahn nach Erding für vier Stunden in die Abteilung „Vital-Saunen“ der „Größten Therme der Welt““. Wunderbar. Fantastisch. Danach gings zum Messegelände Riem. Ursula, eine der 130.000 Teilnehmerinnen, war am Samstagabend beim Helene-Fischer-Konzert. Auf dem Weg zur Veranstaltung regnete es in Strömen. Die Feuerwehr pumpte auf dem Konzertgelände die Wassermassen ab und das Konzert konnten dann die Teilnehmerinnen halb nass und halb trocken genießen.

Am Sonntagmorgen Sightseeing in der Münchner Innenstadt und ein Weißwurstfrühstück im Augustiner-Bräu mit dem Hellen. Es war ein erholsames Wochenende. Vielleicht auch deshalb, weil drei im München lebende Bekannte aufgrund eigener

Urlaubsreisen nicht in München waren und für uns keine Zeit hatten. Und die Ukraine weit weg war. Letzteres war und ist schön. Das ist gut!

Mittwoch, 24. August 2022. Jetzt ist er ein halbes Jahr her, der Einmarsch der russischen Armee in das Gebiet der Ukraine. Die kriegerischen Auseinandersetzungen dauern immer noch an.

Dies wird in der Print-Presse und auch in den digitalen Medien zum Anlass genommen, die Situation und die Auswirkungen in der Ukraine und auch darüber hinaus zu beschreiben und zu würdigen. So erfahren wir viel von der immer noch herrschenden Tapferkeit des ukrainischen Volkes und deren Soldaten.

Der „Krieg" wurde am Anfang noch Putins Krieg genannt, jetzt sollen keine Russen mehr im Westen Urlaub machen können, nur noch flüchtende Russen sind willkommen. Es ist nicht mehr Putins Krieg, sondern Russlands Krieg. Jede Form von Verhandlung etwa zu einem „modus vivendi" wird von beiden Seiten stur abgelehnt. Bin gespannt, wie weit die Streitparteien mit ihrem Gegeneinander sind, wenn ich Ende September diesem Schreiben über das Altern eine große Pause gönne.

Donnerstag, 25. August 2022. Früher gab es Bücher wie „Warum Männer nicht zuhören und Frauen schlecht einparken" (Allan u. Barbara Pease) und

„Männer sind anders. Frauen auch." (John Gray). Auch „Frauen verstehen" (Angela Toni), „Das Mann/Frau Buch" (Ron Smothermon). Sie zeigten Wege zu einem Miteinander von Frau und Mann auf, auch zu einer konfliktarmen Trennung. Früher. Heute findest du diese Ratgeber zum „Frauen- und Männerverstehen" nur noch in den Regalen kurz vor der Kellertreppe. Wenn überhaupt. Sie sind out.

Diese Bücher, wohlmeinende Lebensberater, sind nicht gealtert und haben nicht das dazugelernt, was ihnen die heutige Realität bei Tag und Nacht anbietet und abverlangt.

Im Jahr 2022 leben wir als Mann, als Frau und inmitten einer – oder zumindest neben – einer LSBTTIQ-Community. LSBTTIQ. Jeder Buchstabe in dieser Buchstabenreihe hat eine für das individuelle Menschsein entscheidende Bedeutung. Die als Silbe oder Wort nicht aussprechbare Buchstabenreihe steht für: lesbisch, schwul, bisexuell, transsexuell, transgender, intersexuell und queer.

Community ist eine Gemeinschaft, eine Gruppe von Menschen, die ein gemeinschaftliches Ziel verfolgen, gemeinsame Interessen pflegen, sich gemeinsamen Wertvorstellungen verpflichtet fühlen. Das wichtigste Merkmal ist die Kommunikation untereinander.

Familie, Nachbarschaft und Verein kann auch als Community verstanden werden. Oder doch nicht? Mit Community mit den sieben großgeschriebenen

Buchstaben ist Familie vermutlich nicht gemeint, solange es nur eine Frau und ein Mann, auch nur Kinder sind. Bisherige Normalos (Mann, Frau, Kind) sind nicht gemeint, solange sie nicht irgendwas mit den Kategorien der sieben Buchstaben am Hut haben, oder sonst was. Sie müssen dann draußen bleiben. Per se.

Wie kompliziert es ist, soll in der folgenden Auflistung von möglichen Wesensbeschreibungen der Menschen angedeutet werden. Die Bedeutung der Wörter kann jederzeit gegoogelt werden. Wer Lust hat, bitte! Es sind neunundzwanzig (!) Begriffe, die den Weg frei machen zu der neuen, woken (diskriminierungssensibler Zeitgeist m/w/d) Welt, auch Community genannt (aus: Brigitte Woman 10/22):

Ableismus – Ally (der/die) – Asexuell – Bipoc – Canceln – Cis – Elter (das) – FLINTAs – Heteronormativ – Ifab/Imab – Intersektionalität – Kink – Klassismus – LGBTQIA+ - Male Gaze – Misgendern – Neurodivers – Neo-Pronomen – Positive – Queer – Representation – Romantik – Snowflakes – TERFs – Trans – Trigger – Vulvalippen – Woke.

Was bedeutet das nun für uns, die da älter sind und werden? Wir hatten doch schon Mühe, den beiden Geschlechtern Mann und Frau weitestgehend gerecht zu werden? Wird das Chaos der Geschlechter mit den nun hoch- und feindifferenzierten Wesensbeschreibungen nun noch verworrener und die Kommunikation ebenso schwieriger? Oder wird es nun einfacher? Ebnet „alles kann, nix muss, anderes soll!“ einen Weg zum harmonischen Miteinander der Menschen mit ihren unterschiedlichen „Wesen“?

Die Frage, wie die „Wesensmenschen“ ihr Miteinander pflegen und gestalten, kann auch eine sehr intime Frage sein. Hier nachzuhaken ist vielleicht zu früh. Da wollen wir praktischer und weniger wesensgezielt sinnieren. Dabei ist darüber zu sprechen, was wir mit „Sex“ meinen, das Geschlecht oder den Akt? Warum wir von „amore“ schwärmen und bei „amour“ uns wohl fühlen, love und Liebe gerne hören und uns insgeheim fragen, warum im Deutschen vom Beischlaf und dem Geschlechtsverkehr geredet wird? Was hat das zu bedeuten? Ist das wichtig? Über allen Wesen.

Derzeit werden andere Beschreibungen bzw. Bezeichnungen unserer Mitmenschen neu geregelt. Grob geregelt. Fortan soll in Deutschland nicht mehr vom Neger gesprochen werden. Welche Bezeichnung nun gelten soll, wird noch diskutiert. Sicher nicht „schwarzer Mann“, auch nicht „Afrikaner“, da wehren sich die Araber. Manche tendieren zum „farbigen Mann“. Auch das hat seine Tücken. Eine sehr und auffällig geschminkte Frau nennt man – nur im Geheimen? – Farbenschachtel.

Wir sehen, ich bin kein Fachmann! Ich weiß nicht, was da politisch korrekt sein kann.

In diesem Sommer(-loch) wird in deutschen Städten über die Umbenennung der zahlreich vorhandenen Mohrenstraßen in den politischen Gremien diskutiert. Auch in einem Stadtteil Stuttgarts, in Möhringen, soll der Mohr im Stadtteilwappen ersetzt werden. Möhre oder Karotte? Wird er einfach begraben, zugedeckt? Der Mohr. Hat wohl seine Schuldigkeit getan.

Bücher, die wir Alten in unserer frühen Jugend mit Genuss gelesen haben, wie „Winnetou" von Karl Mai (gest. 1912) sollten möglichst nicht mehr verkauft werden. Der heutige Zeitgeist meint, dass die Bücher nicht der damaligen und heutigen Realität der Indianer entsprechen würden. Man sieht in den Büchern auch rassistisches Gedankengut. Dabei waren Karl Mais Bücher für uns Gealterte Abenteuergeschichten, sicher erfundene, aber auch solche, die ein moralisches und menschliches Miteinander von Indianer und Weißen aufzeigten.

Wohin soll das führen? Müssen wir Alten da noch mitmachen? Und wenn wir das nicht mehr können, was passiert mit uns? Sind wir dann auf dem Wege zu einer diskriminierten Klasse? Einer spezifizierten Klasse?

Alter weißer Mann. Was kommt mit dieser „woken Welt"? Was bleibt von dieser „woken Welt" bestehen?

Mittwoch, 30. August 2022. Der Sommer wird müde, schon seit ein paar Wochen fallen entgrünte, braune Blätter von den Bäumen. Die Sonne scheint nicht mehr so verletzend und die Sommergewitter füllen die ausgetrockneten Bäche und Weiher übermäßig mit Wasser. Vereinzelnd sind es sintflutartige Niederschläge, die ohne Rücksicht alles ins Tal mitreißen, was nicht tief verankert oder angekettet ist. Vor ein paar Tagen war's zu wenig, viel zu wenig, nun ist's zu viel, viel zu viel.

Nun sind die Ansammlungen von Geschehnissen, Gedanken, Befürchtungen, Träumen und Hoffnungen zum Zeitabschnitt von November 2021 bis September 2022 hier geschrieben. Kann mit dieser Darstellung die Neugier der Lesenden geweckt werden? Kann die Lust der Leserin und des Lesers auf das Studium des Alltagslebens von Mitmenschen und auch des eigenen Lebens hervorkitzeln?

Es war eine kurvenreiche Strecke mit Erinnerungen, bis nun das Altern den Körper und Geist herausfordert. Vom Hendl im Wienerwald, über die Hawaii Toasts aus dem heimischen Backofen, zur Currywurst an der Straße bis hin zu den Pizzen beim Italiener und zum Big Mac beim McDonald's oder anderen Schnellimbissen. Nicht vergessen die nun angesagtesten Speisen der Griechen, Türken und der Asiaten.

War es erst vorgestern, als man 1979 erstmals im Schwäbischen am Ohr eines Schulrektors einen

Brilli brillieren sah? Tattoos sind schon länger nicht mehr nur den Knackis und den Seemännern vorbehalten. Männer, Mädchen und gestandene Frauen wagen, Botschaften auf ihrer Haut zu platzieren, farbig und auch uni. Bilder, Sprüche, Namen der Kinder und der Idole wurden gestochen. Wunderschön und auch das Gegenteil.

Wie war das mit der Nitribitt? Jedes Frühjahr wird ihr ein Zeitungsartikel gewidmet. Wie war's, als G. Grass seinen kleinen Trommler unter dem weiten Rock seiner Betreuerin weiter trommeln und Ingrid Bergmann ihren Busen blitzen ließ?

Aus den Videotheken wurden Kassetten ausgeliehen, die man über Wiedergabegeräten auf dem Fernseher ansehen konnte. Nicht nur gefühlt, real wurden da über 70% Pornos mit leichteren und auch mit heftigen Aktionen ausgeliehen. In den Peepshows standen Männer in Kabinen und schauten den Bewegungen der leicht bekleideten Akteurinnen auf ihren Betten zu. So was gab es bald nicht mehr, da Filme, auch im Fernsehen immer offenherziger wurden.

Wir gedenken aber nun auch derer, die uns in der Jugend oft Vorbild waren, berühmt, gelitten und auch abgelehnt wurden. Rock- und Popgrößen, die unser Leben mit ihren Songs, ihrer Musik anreicherten und selbst leider nur kurze Zeit zum Altern hatten. Eine lose Zusammenstellung, ein Anstoß zur individuellen Erinnerung:

Gitarrist und Sänger Jimi Hendrix starb 1970 mit 27 Jahren.

Gitarrist Brian Jones (Stones) starb 1969 mit 27 Jahren.

Nirvana-Sänger Kurt Cobain starb 1994 mit 27 Jahren.

Gitarrist Stevie Ray Vaughan starb 1990 mit 35 Jahren.

Soulstar Marvin Gaye starb 1984 mit fast 45 Jahren.

Rapper Tupac Shakur starb 1996 mit 25 Jahren.

Falco (Johann Hölzel) starb 1998 mit 40 Jahren.

Amy Winehouse starb 2011 mit 27 Jahren.

Country-Star John Denver starb 1997 mit 53 Jahren.

Doors-Sänger Jim Morrison starb 1971 mit 27 Jahren.

Reggae-Legende Bob Marley starb 1981 mit 46 Jahren.

Freddie Mercury starb 1991 mit 46 Jahren.

Whitney Houston starb 2012 mit 47 Jahren.

Prince (Rogers Nelson) starb 2016 mit 57 Jahren.

Sängerin Janis Joplin starb 1970 mit 27 Jahren.

King of Rock‘n‘Roll Elvis Presley starb 1977 mit 42 Jahren.

Bassist Sid Vicious starb 1979 mit 21 Jahren.

Beatle John Lennon starb 1980 mit 40 Jahren.

Was von ihnen nehmen wir in unser persönliches Altern mit? Was haben wir? Was bleibt? Das Wahre ist immer das Ganze! (Vgl. 15.12.2021 G.W.F. Hegel).

Mittwoch, 31. August 2022. Sonnenaufgang 6:39 Uhr, Untergang 20:27 Uhr. Aufgrund wechselnder bis starker Bewölkung: Schauer und Gewitter. Die Sonne ist zu sehen, wenn sie kurz durch einen Spalt der Wolken herunterblitzt.

Sommerende. Das Ende eines gefühlten Rekordsommers. Hohe Temperaturen und wenig Regen. Tatsächlich haben wir unter der Hitze gestöhnt und nahezu ausgetrocknete Flussbetten gesehen. An einigen Klima-Rekorden kratzte dieser Sommer und stellte andere auf. Im Sommer 2022 gab es 23 Tage mit mehr als 30 Grad. 2003 waren es 27 Tage. Beim Niederschlag zeigte sich dieser Sommer mit 170 Millimeter sogar knapp unter dem Niederschlag 2003 mit 174 Millimeter. Bei den Wasserständen der Flüsse wurden tatsächlich neue Niederstände verzeichnet. Der Pegel bei Maxau am Rhein fiel bis auf 322 Zentimeter, so wenig wie noch nie in den vergangenen 40 Jahren in einem August. Dagegen waren die Wassertemperaturen bedenklich hoch. Bei Ulm wurde in der Donau 20,7 Grad gemessen. Kälteliebende Fische, wie die Forellen, würden dadurch in ihrem Lebensraum zurückgedrängt.

Die Freibäder waren gut besucht, Badeunfälle gab es auch in den Freigewässern. Urlaubsflieger waren ausgebucht. Lange Warteschlangen gabs auf den

Flughäfen. Dank des 9-Euro-Tickets waren die Regionalzüge überall in Deutschland proppenvoll und man erinnerte sich an Viehtransporte. Nicht im Güterwagen, in den Regionalzügen 2. Klasse. Manch eine bekam Schnappatmung oder gar ein nicht ganz stilles Herzrasen, eingeklemmt in die Menge, stehend, mit zu- und auffälligem Körperkontakt unter Fremden.

Zum Ende noch einen Blick auf das, was in diesem Sommer trendig war und ist. Was in der Tageszeitung mit heutigem Datum als trendig bezeichnet wird. Es gab und gibt im Sommer 2022 so viele Wespen wie schon lange nicht mehr. Nirgends war man sicher vor diesen schwarz-gelben Insekten. Nicht am Badesee, nicht im Freibad, auch nicht im Gartencafé und nicht auf der eigenen Terrasse.

Erstmals hat das Helle, das Bayrische Helle in Deutschland einen Marktanteil von 8,9 Prozent und steht auf Platz zwei hinter dem Pils. Das Helle enthält weniger Hopfen und ist milder, wird in Orten wie Andechs gebraut.

Waschlappen ist nun wieder mehr als ein Schimpfwort. Der Baden-Württemberger Ministerpräsident Winfried Kretschmann hatte zur Spardiskussion einen großen Geistesblitz: der Waschlappen sei eine brauchbare Erfindung. Mit ihm könnte man manche Duschorgie ersetzen.

Das Bierzelt-Lied „Layla“ war über einige Wochen der gefragteste Partysong, auch weil er heiß diskutiert, verboten und doch auf allen Festen gesungen wurde.

Die grausamste Stilsünde der achziger Jahre war heuer eine eher dezente Vokuhila-Variante. (vorne kurz, hinten lang). Diese „Kickermatte“ wurde zum Mixie-Cut und alles war gut. Männer tun es bekanntlich schon seit Jahrzehnten. Bei Frauen war das Oben-ohne-Baden vor allem in den 70er und 80er Jahren angesagt. Danach sonnten sich die Frauen außer an den FKK-Stränden wieder oben zugeknöpft und bedeckt. In diesem von Maskenträgern in Bahn und Bussen beherrschten Sommer war sie plötzlich wieder zurück: die Barbusigkeit. Zumindest wurde darüber heftig diskutiert: Ob Frauen in Freibädern und Parks obenrum die Hüllen fallen lassen dürfen. Vielerorts dürfen sie nun. Diese Trends standen in der Tageszeitung, irgendwo auf der Seite „Aus aller Welt“. Da sage keine und keiner, Deutschland sei nicht in „aller Welt“.

Donnerstag, 01.September 2022. Antikriegstag! Und wieder mit den Forderungen, der andere solle das tun, was man ihm zugedenkt. Keine Einsicht, dass man es selbst machen kann: Frieden schaffen. Und muss, wenn man es will.

Schon Tolstoi wusste es: „Alle wollen die Welt verändern, aber keiner sich selbst“. Heute ist der erste Tag des ersten Herbstmonats. Ein Kaleidoskop zur Herbstzeit darf die Ernte ausbreiten, welche das

Leben und die Veränderungen im Zeitraum November 2021 bis September 2022 beim Altern deutlich machen.

Herbst – Erntezeit – Kaleidoskop des Werdens

Diese Tage – die Tage vom 8. November 2021 bis zum 1. September 2022 – sind vorbei, vorüber. Festgehalten sind Alltagsituationen, Begegnungen, Gedanken, Träume, Befürchtungen, Ängste aber auch Hoffnungen und Zuversicht. Leben in diesen Tagen. Auch das Altern in diesen Tagen. Das Altern.

senescere (Lat.) = alt werden, altern ist ein Phänomen, das nicht nur die Naturwissenschaft, besonders die Biologie, beschäftigt. Mit „Altern in diesen Tagen“ wird das Altern nicht grundsätzlich – von der Wiege bis zur Bahre – betrachtet, aber auch nicht nur auf die Gerontologie (Lehre vom Greis) und die degenerativen Erscheinungen bei alten Erwachsenen beschränkt.

Das Tagebuch „Altern in diesen Tagen“ zeigt Erscheinungen des Alterns in einer vielfältigen Art auf. Diese sind biologischer Art (Körper und Sinne) (Früher war I bildhübsch, heit isch bloß no mei Bild hübsch. Wenn e dr Dreck net seh, dann kann I en au net weg putza. Noi, des han I et ghörd, I ka doch noddle laufa) wie auch sozialer Art (Miteinander, Zueinander, Untereinander) (ma ka sich jo nemme treffa, wo ond wia ma will, ond au so, mir wird älles zviel), und psychologischer Art (Befindlichkeit, Zuversicht, Angst) (jo, S‘gohd no, au denka due no, lass aber nemme älles wissa, ond mach au nix me, was do stört. Gedanka send frei, aber saga willes nemme).

Die unterschiedlichen Erscheinungen haben sich im Laufe der Zeit gebildet, verstärkt oder verändert.

Das bunte Bild des „Alterns in diesen Tagen“ mit den vielen kleinen Puzzleteilen vor dem Hintergrund der aktuellen Krisen, Corona-Pandemie (1), Krieg in der Ukraine (2) und Inflation in Europa (3) wird hier zusammengefasst. Die Dynamik der Veränderung des Alltags, der Sprache, der Befindlichkeit und der Erinnerung lässt Schlüsse zu, was und wie Altern zur Lebensqualität aller Beteiligten beiträgt.

Wir leben in unserem Alltag, wir quälen uns mit den alltäglichen Sorgen, freuen uns mit den lieben Menschen um uns herum. Wir leben und überleben inmitten unserer persönlichen, materiellen Welt, pflegen unsere Kultur und unsere Sitten. Dies vor dem Hintergrund unscheinbarer oder gewaltiger gesellschaftlicher Gegebenheiten. Nicht jeder Sack, der in China umfällt, ist dabei von Wichtigkeit, aber kriegerische Auseinandersetzungen fern unserer Heimat und auch Naturkatastrophen, allgemeine Veränderungen der Erde bestimmen unsere Aktivitäten und Befindlichkeiten. „Altern in diesen Tagen“ zeigt Puzzleteile auf, die zusammengetragen ein Bild entstehen lassen, das – auch wenn unvollständig – einen Moment der gemeinsamen Entwicklung von Menschen und Erde darstellt. Zwischen

„Festhalten" und „Loslassen" müssen sich Menschen im Laufe ihres Daseins auf der Erde entscheiden. Je später, desto dringlicher. Auch wenn die Zeit, die den Menschen noch bleibt, viel weniger ist als die Vergangene.

Im Alltag, sei es in der Gestaltung der unmittelbaren Umgebung oder in den Routinen des Tagesablaufs, sind es die Gewohnheiten und die Traditionen, welche Sicherheit, Schutz und Zufriedenheit fördern. So lassen sich das Herrichten des Frühstücks, das Bügeln und Fensterputzen, auch der tägliche Umgang miteinander verstehen. Wenn dabei noch An- und Einsichten entdeckt werden, welche Toleranz signalisieren, wie beim Bilderaufhängen, Interessantes beim Bügeln und der 1000-Schuss-Theorie, dann festigt sich darin auch ein inselartiges Gemeinwesen. Auch Träume und die Sehnsucht spenden Kraft, die Belastungen durch die Außenwelt abzuwehren. In „Altern in diesen Tagen" konnte das Eintauchen in den Dialekt, die Sprache der Heimat Sicherheit geben, auch wenn im Altern die Erscheinungen nicht durchweg fortschrittlich positiv sind, sondern auch degenerativ.

Im November 2021 machten die offiziellen Verlautbarungen Hoffnung auf ein Ende der Vorschriften zur Eindämmung der Corona-Pandemie. Masken mussten an der Öffentlichkeit weiterhin getragen werden, geimpfte Personen hatten die Möglichkeiten an bestimmten öffentlichen Veranstaltungen teilzunehmen. Bis zum Ende des Sommers 2022 wurden die strengen Vorschriften regional und bereichsspezifisch immer wieder gelockert, aber auch heiß diskutiert.

Bis in den Herbst 2022 hinein war das Tragen der „medizinischen Masken" in Krankenhäusern und Pflegeheimen vorgeschrieben. Auch der Haus- oder Facharzt und sein Personal trugen Masken. Die Patienten ebenso.

> Die freiwillige, erzwungene, bis zu vier Mal empfohlene Impfung gegen die Covidviren war eine höchst anspruchsvolle organisatorische Angelegenheit für die staatlichen Behörden unter dem Gesundheitsministerium, aber auch für die Bürgerinnen und Bürger. Alle empfohlenen Maßnahmen zur Bekämpfung der Pandemie waren von einer hitzigen Diskussion des Für und Wider begleitet und hatte großen Einfluss auf die alltägliche Situation der Bürgerinnen und Bürger. „Altern in diesen Tagen" zeigt, wie der Alltag wesentlich von diesen Vorschriften und Herausforderungen bestimmt wurde.

> Die Schutzmaßnahme: „Tragen einer medizinischen Maske" in den verschiedenen öffentlichen Bereichen hat dazu beigetragen, dass Infektionskrankheiten nicht überhandnahmen und Infizierte oftmals leichtere Krankheitsverläufe hatten.

Schwerhörige konnten im öffentlichen Bereich, bei den Ärzten, auf Behörden und auch beim

Einkaufen die Sprechenden nur unsicher verstehen. Gesprochene Sprache konnten sie nicht mehr an der Mimik und an den Lippen „mitlesen“. Das führte zu mehr persönlicher Isolation und zur Desinformation. Dabei war es nicht opportun, das medizinische Personal zu bitten, ihre Maske abzunehmen, damit man die gesprochene Sprache besser begreifen könne.

> „Impfen – Impfen – Impfen“ der Bevölkerung war die Parole. Vor allem auch der Bewohner der Pflege- und Altenheime. Medizinische Interventionen bedurften eines hohen Aufwands an administrativen Maßnahmen. Auch das persönliche Engagement der Bürgerinnen und Bürger war gefragt.

Einen Impftermin konnte man zu Beginn nur online bestellen und die Wege zu den Impfzentren waren weit. Termine wurden aus verschiedenen Gründen abgesagt. Gegen Sommer 2022 waren dann sogar Apotheken berechtigt, gegen das Covid-Virus zu impfen.

> Angeordnete „Vorsichtsmaßnahmen“, wie Schließung von Lokalitäten, Beschränkung der Teilnehmeranzahl u.a. legten den Kulturbetrieb lahm und schränkten das Kommunizieren der Bürgerinnen und Bürger untereinander ein. Die Absperrungen mittels der rot-weißen Flatterbänder von Trimm-dich-Pfaden, Waldkinderspielplätzen und Sportstätten im Freien waren wohl überengagiert, wenn nicht sogar widersinnig.

> Die empfohlene Covid-App auf dem Smartphone funktionierte. Grüne Kacheln zeigten niedriges oder keine Risiko-Begegnungen an. Rote Kacheln signalisierten höhere Risiko-Begegnungen. Bei Symptomen sollte man sich testen (lassen) und dann entsprechend reagieren: sich isolieren, zum Arzt gehen. Obwohl wir einige Male grüne und rote Kacheln auf der App hatten, aber keine Symptome und die Schnelltests nicht positiv waren, haben wir keinen einzigen Tag aufgrund des Covid-Virus das Krankenlager aufgesucht.

Ende November 2021 wurde Ex-Bundeskanzlerin Dr. Angela Merkel mit einem großen Zapfenstreich verabschiedet. Noch wurden ihre Verdienste für den Frieden und die Menschlichkeit von der gängigen bundesrepublikanischen Presse gelobt und gewürdigt. Kritische Töne hörte man danach immer mehr. Ihre frühere – offensichtlich dem Frieden dienende – Nähe zur kommunistischen Regierung im Kreml wurde in der Presse immer mehr kritisiert. Im September 2022 war sie an fast allem schuld, was das Elend mit der kriegerischen Auseinandersetzung in der Ukraine ausmachte.

Am 24. Februar 2022 marschierten russische Soldaten in die Ost-Ukraine ein. Anfänglich vermutete man, dass diese kriegerische Auseinandersetzung bald ein Ende habe, auch weil die ukrainische Regierung in Kiew mit dem Kreml in Moskau verhandelte. Bis zum September 2022 wurden aber immer mehr Waffen auch von den westlichen Ländern eingesetzt und jetzt kann niemand mehr daran glauben, dass dieser „Krieg“ schnell zu Ende geht. Verhandlungen werden von beiden Seiten abgelehnt bzw. jeweils mit unannehmbaren Vorbedingungen für den Gegner verbunden.

Als Ende Februar 2022 die kriegerischen Auseinandersetzungen in der Ukraine begannen, wurden Corona-Auswirkungen immer weniger Gesprächsstoff. Der „Überfall“ auf die Ukraine war Thema nicht nur in den Nachrichten. Spezielle Magazine berichteten über Aktivitäten in Russland, der Ukraine, Europa und USA. Ab diesem Zeitpunkt konnte man sich wie im Kino bei einem James-Bond-Film fühlen. Man nimmt teil an einem mehr oder weniger spannenden Geschehen: Ein Kriegsfilm bzw. ein Krimi mit einem Bösewicht und einem Guten, dem man von Anfang an bescheinigt, dass er gewinnen wird. Zu Beginn konnten die Schlagzeilen in der Tagespresse einen ungefähren Überblick vermitteln. Die Schlagzeilen wurden immer langweiliger, einseitiger und deprimierender. In Gesprächen unter Freunden und Kollegen wurde der „Krieg“ in der Ukraine zunehmend ausgeklammert. Es gab und gibt im privaten – wie auch in den öffentlichen – Kreisen zwei gegensätzliche Positionen. Noch im September 2022 war die Gruppe der „Immer mehr Waffen für die Ukrainer“ größer als die Gruppe, die konsequent ohne Vorbedingungen „sofortige

Friedensverhandlungen" fordern. Privat sprach man nur noch – wenn überhaupt – innerhalb der „eigenen" Gruppe über die Ukraine. Die Auseinandersetzung mit der anderen Denkweise deprimierte.

Mit dieser Situation in der Ukraine und den Handelsbeschränkungen mit Russland (Energie und alles) wächst in Deutschland, wie auch in Europa, die Inflation. Im Schwabenland klettert der Preis für eine schwäbische Brezel im September 2022 an eine „rote Linie": 95 Cent. In Backfachgeschäften mit regem Publikumsverkehr verlangen die freundlichen Verkäuferinnen oft schon einen Euro und mehr für eine Brezel.

Alles wird teurer. Meist heimlich, fast im Verborgenen. Viele Verbraucher sparen, kaufen kaum noch. In den Läden herrscht Untergangsstimmung. Versprochen werden großzügige Unterstützungen für alle, nicht nur für die wirklich Bedürftigen. Den Gürtel enger schnallen, das ist das Motto für alle in dieser Zeit. Alle können gespannt sein, wann und welche steuerlichen und auch direkten Maßnahmen, bzw. Geldzuweisungen sich verwirklichen. Wenn man der Presse glauben darf, dann ist für diese Inflation auch nur der „Russe", oder sogar nur „der Putin", schuld.

Neben diesen für den Weltenlauf so bedeutenden Ereignissen sind die hautnahen Kleinigkeiten in unserem Alltag für unser Wohlergehen wichtig. Geschehnisse, bei denen wir unser Altern unmittelbar erfahren. Dazu schauen wir erst mal auf den Boden, dorthin, wo unsere Füße stehen. Auf den Boden der Tatsachen. Was und wie geschieht es, wie war es vor einem Jahr? Gelingt das Überstreifen der Socken oder der Kniestrümpfe erst über den rechten, dann über den linken Fuß? Gelingt noch ein einigermaßen ansehnliches, unblutig endendes Ergebnis, wenn die Fußnägel selbst geschnitten und gefeilt werden? Trägt man schon Schuhe mit Klettverschluss, weil man die Schuhbändel nur noch mit Müh‘ und Not zusammenschnüren kann? Wie mühsam ist's, den Popo mit dem Toilettenpapier abzuwischen? Ist nach der „Sitzung“ ein Gang in die Dusche oder auf das Bidet notwendig? Wie wird der Rücken, werden die Haare gewaschen? Wie die Füße?

Überraschend und spannend die Veränderungen des Alltags im Kleinen. Oft nicht bemerkt.

Wir haben in der Zeit vom November 2021 bis zu Beginn des Septembers 2022 erfahren, dass sich unsere Sprache in Zeiten der Krisen verändert. Nicht nur, dass kriegerische Ausdrücke (wieder) gebraucht werden. Besondere Wörter verdeutlichen notwendige Maßnahmen zur Pandemie. Neue Technologien bringen neue Ausdrücke hervor. Zudem übernimmt die deutsche Sprache immer mehr fremde, meist englische Begriffe. Unterschiedliche Ideologien versuchen, ihre Wertvorstellungen mittels entsprechender Wörter und Schreibweisen der

Wörter zu einer allgemeinen Gültigkeit zu verhelfen.

Altern kann leider ein Weg zur Aussonderung werden. Wer die moderne Sprache, die Wörter wie „Hub" nicht mehr in seinen Wortschatz einbauen kann, gehört nicht mehr dazu, kann nicht mehr an alltäglichen gesellschaftlichen Vorgängen teilnehmen.

Wer immer noch von seinen Jugendidolen, den Indianern, träumt oder „Zehn kleine Negerlein" gerne mit den Kindern singen will, wird als Rassist bezeichnet und verbannt. Rassist ist eines der schlimmsten Schimpfwörter, steht dem Wort Nazi um nichts nach.

Wer es nicht kapiert, dass es keine Autofahrer mehr gibt, sondern nur noch Autofahrer*innen, ist zwar alt geworden, gealtert, aber gehört nicht mehr dazu.

Vor fast 70 Jahren wurde das Fräulein (vom Amt) „entlassen". Der damalige Innenminister H.-D. Genscher unterschrieb diese Verordnung und fortan gab es in den Amtsstuben offiziell nur noch Frauen und Damen. In den 80er Jahren im letzten Jahrhundert lasen wir Bücher, die uns aufklärten, dass Frauen anders ticken als Männer und kein Geschlecht das andere genau kennt. Jetzt, in diesen Krisenzeiten, gibt es aus dem Europaparlament Hinweise, dass auch die deutsche Sprache internationaler und auch gendergerechter werden soll. Die

Mutter Jesu soll nun auch in Deutschland nicht mehr Maria heißen, sondern Malika. Selbst Peter soll nun mit Petro angeredet werden. Schön und gut. Vielleicht besinnen sich nun die Menschen wieder mehr auf den Dialekt in ihrer Heimat.

Schon seit einigen Jahren sind in Stellenausschreibungen nicht nur m (männlich) und w (weiblich) angegeben, ein d (divers) soll zeigen, dass auch ganz andere sich um die Stelle bewerben können. Just zu den Krisenjahren wird die Vielfalt der Geschlechter deutlich gemacht. Unter dem integrativen Begriff „Community", einer neuen, woken Welt werden Wesensbeschreibungen genannt, welche die unterschiedlichen und vielfältig geschlechtlichen Wesen aufzeigt. Es sind neunundzwanzig (in Zahlen 29) Begriffe. Wie kann das verstanden werden von denen, welche im Laufe ihres Lebens nicht immer mit ihrem Denken den beiden Geschlechtern Frau und Mann gerecht werden konnten?

Wer soll da durchblicken? Die Alten? Warum auch? Vielleicht ist die nun verdeutlichte Vielzahl der Geschlechter eine logische Folge der Erkenntnis, dass Lebewesen unterschiedliche Vorlieben und Fortpflanzungstechniken haben und auch, oder nicht, brauchen. Die Kreaturen Hefe, Schwämme, Pilze, die Giebel-Fische und Seekühe sind verschiedene Spezies mit unterschiedlichen Fortpflanzungstechniken. Und da wollen manche Menschen sich nicht verstecken. Was in der Natur so vielfältig ist, kann doch der Mensch als Spezies selbst auch bieten. Alles kann, nichts muss und anderes soll. Obs nur eine Mode ist, oder eine Quadratur des Lebenskreises?

Sprache verändert sich nicht nur, Sprache ist machtvoll und bietet Sicherheit und Heimat. Ältere Menschen klagen über die heuer schnelle, modische Veränderung. „Altern in diesen Tagen“ stellt fest, dass Alltagssprache hilft, Belastungen unter Krisen persönlich zu relativieren. Humor, auch die einfachsten und flachsten Witze, hilft mit, die belastenden Ereignisse und Umstände persönlich einzuordnen, um diese in einem erträglichen Maße zu überstehen. Möge Humor auch als „Flucht“, als „Ausweg aus der Realität“ angesehen werden, Humor hilft und hat im Dialekt einen „großen Bruder“, um Widerwärtiges auszuhalten. Dialekt und Humor machen Freude und letztendlich sind sie auch Tröster.

Beim Mühen um Sprache, dem Konservieren dieser Kultur, geht es nicht nur um die Wörter, deren Klang und Bedeutung. Frauen und Männer beseelen oft ihr persönliches Dasein, ihre Funktionalität und Wirksamkeit mit Wörtern, mit Lautieren und Brummen.

Sprache, die gesprochene und die geschriebene, ist immer mehr als ein Wort, mehr als ein Satz und mehr als ein Kapitel. Sprache ist ein Ganzes.

Mit geschriebener und mit gesprochener Sprache kann Pathos zertrümmert, Gemütlichkeit zerstört werden. Aber auch geschaffen werden. In dieser Spanne steckt vielleicht das Stückchen Humor, das uns die scheinwertvollen Worthülsen offenbaren. Zugleich könnte darin auch die Sehnsucht nach Ironie zu spüren sein. Glockenhell. Grell.

Jeder ist sich selbst der Nackigste. Auch noch gut. Unterschwellig wird da hin und her gedacht, nicht nur bei den Zoten laut gelacht. Und wenn eine Unbekannte aus einem fernen Stadtbezirk sagt, dass Menschen sich – wenn die Masken fallen – viel mehr anlächeln sollten, weil jedes nette Lächeln die Seele streichelt, dann wissen wir, auf was es ankommt: aufs Anlächeln, aufs Lachen und Seelenstreicheln. Aufs Ganze.

„Altern in diesen Tagen“ zeigt eine Bandbreite von möglichen Emotionen, vielleicht nicht mit den Extrempolen: Von „himmelhochjauchzend“ bis „zu Tode betrübt“.

Die Corona-Pandemie, die kriegerischen Auseinandersetzungen in der Ukraine und die Inflation sind eine Herausforderung für alle. So verschieden diese Krisen sind und bewertet werden, so unterschiedlich können die Reaktionen der Betroffenen sein. „Altern in diesen Tagen“ dokumentiert, wie auf die Gegebenheiten, Störungen und Einschränkungen reagiert wird, um eine überdauernde Befindlichkeitsstörung zu vermeiden.

Befindlichkeitsstörung ist eine negative Empfindung, wo belastende, die Lebensbewältigung beeinträchtigende Inhalte intensiv erlebt werden. Deutlich werden solche Empfindungen in der Gereiztheit, Unruhe, Schlappheit, Traurigkeit und Niedergeschlagenheit. Dieser Störung kann eine positive Befindlichkeit entgegengehalten werden: Das Wohlbefinden, erzeugt durch lebensbejahende Erlebnisse und Erfahrungen, die zu einem stärkenden Selbstbewusstsein führen.

Dazu gehören alltägliche Handlungen, auch die Renovierung der neuen Wohnung (= „Heimat") und der Umzug. Kurzurlaube in Warnemünde, in Murnau und Bad Buchau, Kultur in Oberammergau und heimischen Theater- und Opernhäusern. Auch lange Spaziergänge, kleinere Jubiläumsfeste.

Diese Aktionen können als Flucht vor den Auswirkungen der Krisen angesehen werden. Auch die Gedanken, die man sich macht und die nichts mit den Krisen zu tun haben: die Lebensweisen von besonderen Kreaturen, die Frühlingsgedichte und andere anstatt der Schlagzeilen in der Presse zum Krieg. Auch die Entdeckung des Glücks, die Märchen, auch die spannende Fernsehsendung zur Tour de France. Und dann ist die Liebe, die wir schenken, eine nie versiegende Quelle des Wohlbefindens.

Unabhängig von den Krisen wird im Laufe des „Alterns" immer wieder an das Ende und den Tod gedacht. Die Auseinandersetzung mit dem Tod von nahestehenden Personen und das Miteinander kann das Geschehen in der Krise relativieren. Das Studium von Statistiken zur Lebenserwartung, Lebensdauer, zu den „Hundertjährigen“, die Liste zum frühen Tod der Rock- und Popgrößen kann ordnen, vielleicht auch manche Angst nehmen. Friedhöfe sind Oasen der Ruhe, die Entdeckung der Natur dort kann innere Ruhe bewirken und ein Danke ans Leben spüren lassen.

„Altern“ zeigt sich auch in unseren Erinnerungen und in unserem Vergessen. Je älter wir werden, desto mehr fallen uns Ereignisse von früher, den alten Zeiten, der Kindheit und Jugend ein. Wir erinnern uns, wie wir damals Helden waren, oder auch Verlierer. So schön war Weihnachten und Geschenke sind unvergesslich. Erinnern wir uns auch an das, dem wir ausgewichen sind? Sind wir schuldig geworden? Tut es heute noch weh? Erinnerungen an das, was wir versäumt haben?

Das augenblickliche Vergessen? Immer öfters stehen wir vor dem Küchenschrank und wissen nicht mehr, was wir aus diesem holen wollten. Werden wir beim Altern schneller vergesslicher? Von jetzt auf gleich?

Jeder hat seine Stärke? Die lässt sich niemand nehmen. Und die Schwäche auch nicht. Zwei, die zusammengehören und auch im Alter wichtig sind?

Da ist unser Gerechtigkeitssinn zu überdenken, der sich wesentlich mit dem Streben nach Harmonie und Frieden auszeichnet. Kränkungen, Schädigungen und Verletzungen kann unterschiedlich entgegengetreten werden. Stark kann einer sich fühlen, wenn er Rache nehmen kann, selten führt dies zu einem längerdauernden Frieden. Es ist eher ein Beginn der gegenseitigen Rachefeldzüge und zeigt letztlich Schwäche.

Verzeihen und Vergeben kann als Schwäche gedeutet werden, ist aber bei einer aufrechten Haltung und gegenseitiger Achtung eine Möglichkeit zum Frieden, wie es auch Jesus gepredigt hat. Vergeben und verzeihen kann nur derjenige, der stark ist und dem Gegner ein Angebot macht, das dieser nicht ausschlagen kann.

Wenn Kränkungen ignoriert werden und dabei trotzdem ein Miteinander gepflegt wird, kann das schlau sein und vielleicht zum Beginn einer „Gemeinschaft" führen.

Frieden, Harmonie unter Völkern ist auch nie ein in Stein gemeißelter Zustand, sondern immer auch ein Bemühen darum.

Wenn „verzeihen", „vergeben" und „ignorieren" den Regierungen im Umgang miteinander eine Rolle spielen, dann sind sie für ihr Volk auf dem richtigen Weg. Rache und Gewalt unter Völkern werden nur einen einseitigen, kurzzeitigen und ständig bedrohten Frieden herstellen.

Als Zeichen der emotionalen Reife wird gewertet, bestimmte Informationen nicht verarbeiten zu wollen. Der brennende Instinkt der Neugierde – der unstillbare Wissensdurst – treibt uns nicht in jeder Lebenssituation und auch nicht in jedem Alter an. Das Verhältnis zwischen Wissen-Wollen und Nicht-Wissen-Wollen ist komplex. Das Wissenwollen und ebenso das Nicht-Wissen-Wollen hat Vorteile.

Menschen speichern negative Informationen und potenzielle Gefahren besser ab und suchen stärker danach. Das hat einen Überlebensvorteil. Wer ständig den Säbelzahntiger fürchtet, ist besser auf ihn vorbereitet. Ja, vielleicht.

Gut informierte profitieren im alltäglichen Leben: Wer weiß, dass Lebensmittel oder auch Energie knapp werden können, investiert schon früh in Alternativen.

Dagegen ignorieren Menschen oft, was sie belastet. Beängstigende Nachrichten, bedrohliche Situationen wirken auf unsere Stimmung, Befindlichkeit negativ. Auch wenn diese Nachrichten in fernen Ländern aktuell und nur in der Tageszeitung und den Online-Newsportalen zu lesen sind.

Andere Studien zeigen, fast 90 Prozent der Erwachsenen wollen nicht wissen, wann ihr Partner stirbt. Das wäre doch von Vorteil. Man könnte die verbleibende Zeit besser nützen, etwa weniger arbeiten und mehr Zeit miteinander verbringen.

Und je älter die Menschen sind, desto weniger wollen sie von der Untreue erfahren und vermeiden brisantes Wissen.

Auch wenn Wissen zu mehr Lebensqualität im Alter beitragen kann, ist oft die Zufriedenheit im Alter leichter zu erreichen, wenn man weniger belastendes Wissen schultern muss.

Wie glücklich sind die Alten, wenn sie die Schuldgefühle vergessen können, vergessen haben? Vergessen ist eine Gnade. Manchmal. Das andere Mal ein Makel. Schmerzhaft.

Wie wahr ist der Spruch: „Was ich nicht weiß, macht mich nicht heiß"? War er und ist er noch gut? Und wahr?

Erinnern und Vergessen sind zwei Schwestern, wie Stärke und Schwäche. Sich erinnern kann stark sein und starkmachen, und vergessen kann ebenso stark machen und sein. In beidem zeigt sich auch Schwäche und beides kann schwächen. Lernen kann mit dem Vergessen und dem Erinnern mehr Lebensqualität schaffen.

Im Sommer 2022 hat sich „Altern in diesen Tagen" mit der Gaia- Hypothese und den Worten von James Lovelook auseinandergesetzt. Wir wollen die Erntezeit der Tage des Alterns vor dem Hintergrund dieser Gedanken abschließen. Zur Erinnerung:

Die Gaia-Hypothese lautet: „Die Erde und ihre Biosphäre kann, wie ein Lebewesen betrachtet werden": Die Biosphäre – die Gesamtheit aller

Organismen – schafft und erhält die Bedingungen, die nicht nur Leben, sondern auch eine Evaluation komplexer Organismen ermöglicht.

Lovelook formulierte dazu: „Viele Menschen halten es für unsere wichtigste Aufgabe, den Planeten zu retten, aber das ist mit Sicherheit vermessen." Wir seien zwar eine mächtige Spezies, aber nur Teil eines noch viel mächtigeren Systems.

So wird unser Bemühen z. B. um Klimaschutz und Ressourcensparen – wenn nicht schon durch die unsäglichen Gewaltaktionen und kriegerischen Auseinandersetzungen – zur Farce. Die Aktionen werden immer nur einen Teil dieser Erde „retten" können. Auf Kosten eines anderen Teils! Da wäre es angebracht, ein wenig bescheidener aufzutreten, wenn man wieder mal für und um die bessere Erde kämpft.

Auch mit dem Blick auf die Zeit ist vieles relativ und zeigt die Beschränktheit des menschlichen Wirkens. Würde man die ganze Erdgeschichte von rund 4,5 Milliarden Jahren in einen Tag mit 24 Stunden packen, entsprächen die rund 300.000 Jahre, in denen der moderne Mensch bis jetzt die Erde bevölkert, gerade mal sechs Sekunden. Und die Tage, in denen wir hier altern? Liegen diese im Bereich von Millionstel Sekunden? Ist da was? War da was? Wichtig?

„Altern in diesen Tagen" zeigt, dass Menschen mit der Erde und mit deren verschiedenen Kreaturen leben. Unterschiedliche Lebensformen der verschiedenen Kreaturen werden entdeckt. Alle sind Teil des großen Organismus. Nur ein Teil und auch ein Teil.

Dazu wurden sehr unterschiedliche Kreaturen mit ihren Besonderheiten vorgestellt, um das Miteinander in seiner Vielfalt und die Endlichkeit im Blick zu haben.

Hefe, Schwämme, Pilze, Maikäfer und Wespen sind genannt. Im Vorspann auch Seekühe, Ameisen, Insekten, Gimpel Fische, Seeotterpärchen, Rentiere und Bakterien. Alle haben Anteil am Erdenleben. Haben ihre Bedeutung und Wirkung. Ihre Besonderheit. Ihre spezielle Art der Fortpflanzung. Ihr Leben und ihr Sein.

Ungefähr acht Milliarden Menschen sind auch dabei.

Nun lebten vor der Zeit des „modernen Menschen“ viele andere Kreaturen auf der Erde, waren die „Herren“ und sind „ausgestorben“ (z.B Saurier). Die Erde hat sie alle überlebt und sich selbst gewandelt. Sie wird sich weiter wandeln und wohl auch den „modernen Menschen“ überleben.

Was bedeutet es für uns, für jedes menschliche Individuum, zu wissen, dass das „moderne Menschsein“ auf der Erde ein Ende haben wird? Diese aber weiter besteht, mit anderen Kreaturen, mit dem Gott und anderen Göttern. Kann das trösten?

Am Ende bist du betroffen, viele Fragen sind noch offen. Wer kann da noch hoffen? Was wird mitgenommen? An Lust und Frust? Und überhaupt?

Diese Tage waren mit den Krisen nicht menschenfreundlich. Menschen haben dazu beigetragen, die Erde und die Gesellschaft für viele unwirtlich, beängstigend und bedrohlich für alles Lebendige zu machen. „Altern in diesen Tagen“ deutet manchen Weg an, welcher das Lebendige trotz der Fuchtel der Krisen aufscheinen lässt. Der Überfürsorge durch die staatlichen Behörden konnte nicht nur gedanklich, auch im privaten Umfeld ein Stück weit ausgewichen werden. Mag sein, dass auch die Entscheidungsträger zur Corona-Pandemie ihre manchmal wahnwitzigen Anordnungen (beim Joggen Maske tragen) und die überlangen Schulschließungen im Nachhinein bedauern.

Die kriegerischen Handlungen in der Ukraine sind in den vergangenen Monaten nicht weniger menschenverachtend geworden. Beide Seiten schreien immer mehr nach Waffen. Die Fronten, die Verbissenheit werden von Tag zu Tag steiniger. Keine Seite will einen Weg zum Frieden suchen. Die Waffen sollen sprechen. Grausam, der Gedanke, dass es erst, wenn der (Gegen-) Mensch vernichtet ist, Ruhe geben wird. Da kann man nur hoffen, dass die kriegerischen Handlungen nicht wirklich nach Europa überschwappen. Vielleicht gibt es noch Menschen, die einen Frieden mit einem guten Angebot von

Zugeständnissen vorbereiten. Nicht annehmbare Bedingungen mit dem Ziel, den Gegner zu vernichten, verunmöglichen jeden Friedensweg.

„Altern in diesen Tagen“ überlegt, wo Schlupfwinkel sich auftun, über die man jetzt im Abstand noch gedanklich und lebendig diesem elenden Vernichtungskrieg ausweichen kann. Wie lange noch? Altern soll in einer friedvollen Gemeinschaft möglich sein.

Die Geldentwertung trifft nicht alle Menschen in der Bundesrepublik Deutschland gleich. Mag sein, dass unser Wirtschaftssystem Wege findet, größere finanzielle Härten zu vermeiden. Altern soll auch in den nächsten Jahren genüsslich und ausgeglichen möglich sein.

Persönlich ist nun vorbereitet: Das Testament. Noch zu klären ist, wie sollen das Begräbnis, der Ort, die Art und das Drumherum werden? Ausgespart ist hier auch die Problematik Sterbehilfe, auch ein mögliches behütetes Sterbe-Leben im Hospiz. Vielleicht noch anderes. Das Wo, Wie und Was und die Frage nach dem Werden.

Trotz dieser Lücken wollen wir nicht vergessen und anfangen:

- allemal und überall ein schönes Miteinander zelebrieren, und
- allen danken, die uns berühren und damit Gutes tun, auch denen, die mit uns um einen guten Weg ringen.

– Lasst uns die Tage und Nächte auf dieser Erde dankbar genießen.

Auf diese Zukunft freuen wir uns. Altern. Jeden Tag besonders.

Nun und doch zuallererst: Mit Wehmut in diesen Tagen im Herbst 2022 Erinnerungen an unsere Jugendzeit vor über 60 Jahren. Der Beginn einer langen Friedensperiode in Europa.

„Make love, not war!“ und „Give peace a Chance!“
John Lennon und Yoko Ono
(1969 Amsterdam, Bett-Happening, eine Woche für den Weltfrieden und die Liebe)

Meer und Mensch

Mächtig das Meer und weit
Seine Herrlichkeit zeigt.
Mensch kann tun und lassen,
wird diese Güte nie fassen.

Wasser, Erde und Luft werden bestehen,
auch wenn sich Menschen an ihnen vergehen.
Futur und Natur ist ein einziges Band,
haben den Menschen in ihrer Hand.

Vom Autor im Rediroma-Verlag erschienen:
(überall, wo es Bücher gibt!)

Manfred Breitinger
Sich erinnern und vergessen
(auch E-Book)
2019, Rediroma-Verlag (217. S)
ISBN: 978-3-96103-533-5
Ein frischer, frecher Roman für alle, die sich mit dem Thema „Liebe, Leben und Demenz“ auf unterhaltsamer Weise auseinandersetzen wollen.

Manfred Breitinger
Es geschah … unvergessen im Verborgenen (auch E-Book)
2021, Rediroma-Verlag (150 S.)
ISBN:978-3-98527-036-1
Der kleine Kriminalroman (Novelle) zeigt, wie dramatische Jugenderlebnisse die Betroffenen belasten und wie sie immer noch rätseln und nach Aufklärung dürsten.

Manfred Breitinger
Momente, die auch morgen noch die unsrigen sind
2021, Rediroma-Verlag (57 S.)
ISBN: 978-3-98527-189-4
„Worte, Gedichte, Reime“, aufgeschrieben in den Jahren von 1960 bis 2020 zu groß gefühlten Kleinigkeiten, zeigen Erinnerungen, die uns auch morgen noch bewegen.